文の成立と主語・述語

竹林一志
TAKEBAYASHI Kazushi

花鳥社

目 次

第8章　文成立論の学史

第9章　本書の学史的位置

はしがき

　文（センテンス）は基本的に主語と述語から成ると言われる。一方、日本語の文は述語のみで成立する（日本語に「主語」なるものは存在しない）と言われることもある。また、希求の一語文「水！」のように、主語も述語も存在しないように見える文もある。

　文が成立するためには何が必要なのか。主語・述語は文の成立にとって如何なる意味を有する成分なのか（本質的には、あってもなくてもよいものなのか。それとも、文成立にとって必須のものなのか）。そもそも、文とは何か。主語・述語とは何か。

　本書は、上のような問題意識のもとで、日本語における文の成立と主語・述語をめぐって考察したものである。2010年から2018年にかけて雑誌に発表した論文に大小の加筆修正を施し、新たに書き下ろした文章（総論、第8章、第9章、結語）を加えた。

　各章の概略は以下のとおりである。

　第1章「主語なし述定文の存否」では、述語を持つ文（「述定文」）には必ず主語があるのか、という問題を扱った。そして、主語なし述定文があるか否かは、畢竟、「最近、よく飛行機に落雷するね。」「この一週間、行く先々で停電した。」のような「主述未分化の述定文」（仮称）をどう見るかにかかっているとした。また、主語なし述定文の有無を明らかにするためには、〈述語はあるが主語はない〉ということが原理的にあり得るのか、述語とは如何なるものか、文とは何か、といった根本的な事柄を相互連関的に考察する必要があることを述べている。

　文の本質や主語・述語の問題を深く考える際に良き手がかりとなるのは、山田孝雄の文法論である。その山田文法の中でも最重要概念と見られるのが、「句」（文）を成立せしめる「統覚作用」である（山田文法における「句」の概念、「句」と「文」との関係については、本書第2章の注1を参照されたい）。

　本書の**第2章「山田文法の「統覚作用」概念と文の成立」**では、この、山田文法における「統覚作用」概念の内実を問うことをとおして、〈述語で述べる

（「述定する」）とは如何なることか〉ということや「句」（文）の本質を探っている。山田孝雄が明確に説明していないところにまで踏み込んだ、この章における考察は、筆者（竹林）なりの、山田文法の継承の仕方を述べたものでもある。

第3章「承認、疑問、希求——文を文たらしめるもの」では、〈山田文法は「文」と「句」との根本的な相違点を明らかにしていない〉とする時枝誠記の山田文法批判を承け、「文」と「句」（例えば、「山に登る。」という文と「山に登る（は愉快なり）」という句）とでは根本的に何が異なるのか——文を文たらしめるものは何か——ということを考察した。そして、〈文を文たらしめるのは、言表者（話し手ないし書き手）の「承認」「疑問」「希求」という三種の作用的意味である〉とし、これら三種の作用的意味（言表者による言語的行為）を「文息」と名づけた。「文息」は文に特有のものである——「山に登る。」のような「文たる句」にはあるが、「山に登る（は愉快なり）」のような「文ならざる句」にはない——という主張である。

第3章の論の一部を深めるべく書いたのが、第4章「文的意味としての「承認」の二種」である。尾上圭介氏（以下、敬称を略する）の文法論を検討しながら、文を文たらしめる意味としての「承認」について考察し、尾上の言う〈存在承認〉のほかに、無い物事を無いと言う〈不存在承認〉——不存在の承認——があることを述べた。

第1章から第4章までの内容を踏まえ、文の本質・成立や主語・述語についての尾上説を検討したのが、第5章「文・主語・述語をめぐる尾上説」である。この章では、尾上の文法学説を検討するとともに、述語をめぐる尾上説との関連で、「文息」（「承認」「疑問」「希求」という三種の意味）が、述語の形式自体によって表される意味ではないこと——述語の外から言表者によって付与されるものであること——を述べた。

第6章「主語・題目語をめぐる三上説」では、主語否定論（抹殺論、廃止論とも）で知られる三上章の、主語・題目語（主題）をめぐる論の変遷を詳細に跡づけた上で、三上説を承けて考えるべき三つのこと——①「Xは」と「Xが」の異次元性と交渉、②「主語」の概念規定、③主語論の方法——について書いている。

第7章「仁田モダリティ論の変遷」は、長年にわたって日本語の文論を牽引

してきた仁田義雄のモダリティ論が、約四半世紀の間どう変化したのかを見ながら、そのように変化した理由を考えたものである。仁田モダリティ論についての筆者の提言も記している。

第8章「文成立論の学史」では、日本語の文は如何にして成立するか、ということに関する研究史（の一部）を概観する。〈日本語の文にとって主語・述語は必須か〉〈文成立の決め手は何か〉ということをめぐって、どのような立場があるか、どのように研究が展開されてきたかを見る。

第9章「本書の学史的位置」では、文の成立と主語・述語をめぐる筆者の立場・見解を、第8章で見る学史の中に位置づける。

いずれの章においても、先行研究を咀嚼しつつ、問題提起をし、筆者なりの見解を示した。今後の文法研究・言語研究や関連分野に少しでも益するところがあれば幸いである。

なお、本書のもとになっている雑誌論文（いずれも単著）は次のとおりである。

総論　書き下ろし。

第1章　「主語なしの述定文はあるか」『解釈』56巻11・12合併号：9-17、2010年

第2章　「山田文法をどう継承するか──統覚作用をめぐって」『解釈』57巻11・12
　　　　合併号：2-9、2011年

第3章　「承認、疑問、希求──文の語り方をめぐって」『解釈』58巻11・12合併号：
　　　　2-11、2012年
　　　　「述定文の成立と述語──述定文成立の決め手は何か」『解釈』63巻11・12
　　　　合併号：23-34、2017年

第4章　「文的意味としての「承認」の二種」『解釈』61巻11・12合併号：31-35、
　　　　2015年

第5章　「文・主語・述語をめぐる尾上説」『解釈』62巻11・12合併号：2-12、
　　　　2016年
　　　　「述定文の成立と述語──述定文成立の決め手は何か」『解釈』63巻11・12
　　　　合併号：23-34、2017年

第6章　「主語・題目語をめぐる三上章の論」『総合文化研究』（日本大学商学部）
　　　　18巻1号：13-39、2012年

「主語論の方法——三上章の主語否定論についての検討を足がかりとして」
『解釈』64巻11・12合併号：12-22、2018年

第7章　「仁田義雄氏のモダリティ論の変遷」『総合文化研究』16巻2号：23-34、
2010年

「仁田モダリティ論の変遷とゆくえ」『総合文化研究』21巻2号：17-28、
2015年

第8章　書き下ろし。ただし、一部、次の論文をもとにしている箇所があ
る：

「述定文の成立と述語——述定文成立の決め手は何か」『解釈』63巻11・12
合併号：23-34、2017年

「主語論の方法——三上章の主語否定論についての検討を足がかりとして」
『解釈』64巻11・12合併号：12-22、2018年

第9章　書き下ろし。ただし、一部、次の論文をもとにしている箇所があ
る：

「述定文の成立と述語——述定文成立の決め手は何か」『解釈』63巻11・12
合併号：23-34、2017年

「主語論の方法——三上章の主語否定論についての検討を足がかりとして」
『解釈』64巻11・12合併号：12-22、2018年

結語　書き下ろし。

　筆者は、かつて、「主語」に代わって「主部」という用語を提唱した（竹林
2004、2008。ただし、主語に連体修飾語が付いたもの、という従来の「主部」概念とは異な
る）。

　よく知られているように、日本語では「主語」が言語形式化されないこと
（或いは、「主語」を言語形式化すると特殊な表現になること）が多々ある。例えば、自
己紹介では、「はじめまして。竹林です。」のように言うのが普通である。「私、
竹林です。」ならまだしも、「私は竹林です。」「私が竹林です。」は、限られた
コンテクストのもとでなければ現れない、特殊な表現である。

　しかし、「主語」という用語は、「語」とあるだけに、言語形式化された要素
（発話されて言葉の形になっているもの）、ないし言語形式化されるべき要素、とい

う含みをもちかねない。現在でも筆者は、「主語」より「主部」のほうがよい
と考えている。また、「述語」に関しても「述部」と呼ぶほうがよいと考えて
いる。相手の自慢話に反発しての発話「それが?」のように、「どうした」と
いう叙述部が言語形式化されていない(しかし、意味的には存在する)場合がある
からである。本書で「主語」「述語」という用語を使うことにしたのは、叙述
の便宜のためである。

総論

本書の特徴と、おもな主張

　文の成立と主語・述語をめぐる個別の議論に入る前に、本書の特徴について述べながら本書のおもな主張を提示しておく。本書の特徴を述べることは、筆者の研究上の視点・姿勢・立場・方法を語ることでもある。

　本書の最大の特徴は、文の本質（全ての文が共通に持っている性質）は何か、文を最終的に文たらしめるものは何か、主語・述語とは如何なるものか、主語・述語は文成立のために不可欠の成分なのか、といった文法論上の根源的問題について考察していることである。

　（1）　地球は丸い。
　（2）　雪が降ってる。
　（3）　トイレは、どこですか？
　（4）　走れ。
　（5）　雪！（驚嘆）
　（6）　水！（希求）

　これら（1）〜（6）の文は意味も形も様々である。（1）は「地球」の性質を「主題（題目）―解説」の形式で表す形容詞述語文、（2）は現象を描写する、無題（すなわち題目語なし）の動詞述語文である。（1）（2）は平叙文と呼ばれる。（3）は不定語（疑問詞）と終助詞「か」を用いて「トイレ」の場所を問う、有題のＷＨ疑問文、（4）は動詞のみで行為遂行を要求する命令文、（5）（6）は驚嘆・希求を名詞のみで表す一語文である。

　このように様々な意味・形を有する（1）〜（6）が、なぜ、同じく「文」

と呼ばれるのであろうか。それは、同じ名称で呼ばれるだけの共通性がある（と考えられている）からにほかならない。では、その「共通性」とは何か。この問いが、文の本質を問うということである。

〈文とは何か〉ということは文法論における最も根源的な問題である。そして、この問題について考察することが、主語・述語を考えることに繋がる。主語とは何か、日本語に主語はあるのか、述語とは何か、文の成立にとって主語・述語は必須なのか、といったことを明らかにするためには文の本質を問う必要がある。

本書における筆者の見解を予め述べると、先の（1）〜（6）が同じく「文」と呼ばれるのは、それらの言語表現が〈或る対象について、或るありさまの実現性のあり方を語っている〉という共通性を持つからである。「ありさま」とは動作・変化・状態・性質等であり、「実現性のあり方」とは〈実現しない〉〈実現していない〉〈実現した〉〈実現している〉〈実現する〉といったことである。

「地球は丸い。」（（1））は、「地球」について「丸い」というありさまが実現していること——即ち、「地球」が「丸い」というありさまを有していること——を語っている。また、「雪が降ってる。」（（2））も、「雪」について「降る」というありさまが実現していることを語っている。「地球は丸い。」が、「地球」を主題として固定した上で（いわば、そこで一呼吸おいて）「丸い」という解説を加える「主題—解説」型の表現——語られる対象と、その対象についての叙述部との間に「断」がある表現——であるのと異なり、「雪が降ってる。」は、語られる対象（「雪」）と、それについての叙述部（「降ってる」）とを一体的に表現する文である。「地球は丸い。」と「雪が降ってる。」との間には、そのような表現上の違いがあるものの、有題文の「地球」は無論のこと、無題文の「雪」も、〈或るありさまの実現性のあり方が語られる対象〉であることに変わりはない。

野田（2014）は、主語についての従来の定義の一つとして「何について述べるかを表すもの」という定義を挙げ、「日本語では明らかに不適切である」（p. 273）と言う。その理由は、日本語で「何について述べるかを表すもの」は「主題」だということである。しかし、「雪が降ってる。」も「雪」について述

べた文だと考えてよい。「雪が降ってる。」は「雪」の話をした文、「雪」をめぐっての表現である。

　例えば、寒い日に誰かが窓の外を見て、「降ってる。」と言ったとする。この発話に先立つ文脈の支え（雪が降るか否かが話題になっているというようなこと）がなければ、何について「降ってる。」と言っているのか——雪の話をしているのか、雨の話をしているのか——聞き手には分からない。主語が言語形式化されていない「降ってる。」にせよ、主語を言語形式化した「雪が降ってる。」にせよ、発話者が目にしているモノのありさま（の実現性のあり方）を語っているのであり、そのことは、発話者が目にしているモノについて語っているということなのである。

　〈或る文中成分が「主題」であれば、それは「主語」ではない〉ということはない。筆者は、「主語」には「主題主語」（主題である主語）と「非主題主語」（主題でない主語）があると考える（本書第6章第3節）。「主語」とは文ないし節（clause）において〈或るありさまの実現性のあり方〉が語られる対象であり、「主語」について〈或るありさまの実現性のあり方〉を語る部分が「述語」である。第6章で見るように、日本語に主語はないとする論がある。しかし、筆者のように主語を規定するのであれば、日本語にも主語はあると言える。日本語に主語はないと主張した代表的論者は三上章であるが、三上は、文とは何かという根源的問題について考察していない。ここに三上の主語否定論の大きな欠陥がある（第6章第5節）。文の成分として主語なるものが認められるのか否かを論じるのであれば、〈そもそも文とは何か〉という問題を避けることはできないはずである。

　さて、「地球は丸い。」「雪が降ってる。」という文に関して、それらが〈或る対象について、或るありさまの実現性のあり方を語っている〉ものであることを見たが、「トイレは、どこですか？」（(3)）についても同じことが言えるのであろうか。「トイレ」が〈それについて語られている対象〉であることは明らかである。問題は、「どこですか？」の部分において〈或るありさまの実現性のあり方〉が語られているかということである。「どこですか？」というのは「どこに存在しているか」ということであり、発話者はトイレがどこかにあることを前提としている。ただ、その場所が不明なのである。「トイレは、ど

こですか？」は、「トイレ」について、「どこかに存在する」というありさまが実現していること（即ち、どこかに存在していること）を、その存在場所を問うという仕方で表現したものである。「トイレは、どこかにあるんでしょ。その場所は？」ということである。このような意味で、「トイレは、どこですか？」という文も〈或る対象について、或るありさまの実現性のあり方を語っている〉と言える。

「地球は丸い。」「雪が降ってる。」は、「地球」「雪」について「丸い」「降る」というありさまの既実現性を、「承認」という語り方で語っている。本書で言う「承認」とは、或る事柄を肯定すること——或る事柄に対する、肯定判断の付与——である（「あの人は来ない。」「雨が降らない。」のような否定文も、否定的事柄の肯定である）。「トイレは、どこですか？」は、「トイレ」について「どこかに存在する」というありさまの既実現性を、「疑問」という語り方で語っている。文の語り方には「承認」「疑問」のほかに「希求」がある。「走れ。」（（4））が、その例である。「走れ。」は、二人称者（発話の向けられる相手）について、「走る」という不実現のありさまが実現することを求める表現である。

或る対象について、或るありさまの実現性のあり方が、承認・疑問・希求という三種の語り方のいずれかで語られていれば、それは文である——これが本書の主張である。主語・述語は文成立のための必須成分である（と筆者は考える）が、主語・述語を持っていても、承認・疑問・希求のいずれかが表現されていなければ文ではない。例えば、「誰が来るかは分からない。」の下線部は主語・述語を有しているが、文の一部であって、文そのものではない（この下線部が「疑問」を表しているのでないことは第3章第5節で述べる）。

また、承認・疑問・希求は述語によって表される意味ではない。述語の外から言表者（話し手ないし書き手）によって付与される意味である。前述のように、述語が表すのは〈或るありさまの実現性のあり方〉である。

さらに言えば、承認・疑問・希求は何らかの形態によって表される意味ではない。荒唐無稽な論のように思えるかもしれないが、これが本書のミソの一つである。例えば、「1足す1は2である。」という文における「承認」の意味、「一緒に来るか？」という文における「疑問」の意味は、「である」「か」という形式自体が有している意味ではない（第9章第4節、第5章第5節）。

さて、雪を見て発する一語文「雪！」（（5））は「雪」について、「存在する」というありさまが実現していること（即ち、雪が目の前にあること）を、驚きをもって承認する文である。また希求文「水！」（（6））は、「水」について、「存在する」という不実現のありさまが実現すること（即ち、言表者の前に水が存在するようになること）を求める表現である。このように、〈或る対象について、或るありさまの実現性のあり方を語っている〉ということは「雪！」「水！」のような名詞一語文に関しても言えるのであった。

　それでは、「雪！」「水！」のような文も主語・述語を持つということになるのか。「主語」とは文ないし節において〈或るありさまの実現性のあり方〉が語られる対象であり、「主語」について〈或るありさまの実現性のあり方〉を語る部分が「述語」である、と筆者は書いた。名詞一語文も、或る対象について、或るありさまの実現性のあり方を語るものであるなら、主語と述語とで構成されていることになるが、そう言ってよいのか。本書では、意味の次元において名詞一語文も主語と述語とから成ると見る（主語・述語を意味次元のものと考えるのであれば、「はしがき」の末尾に記したように「主部」「述部」という用語のほうがよいのだが）。

　筆者は、言語にとって重要なのは意味であると考える。意味の了解・伝達のために言語があるとすれば、文法研究においても意味を重視するのは当然のことであろう。意味重視の文法論——これが本書の特徴である。意味を重視するからといって形を軽視するわけでは決してないが、形をとっているか否か（或いは、どういう形をとっているか）に関わらず、〈その表現でどういう意味が表されているか〉ということに積極的に目を向けている。

　本書の特徴として、学説の検討に力を入れているということも挙げられる。先行研究をどう受けとめ、どう展開させるか、先行諸説と自説とは如何なる関係にあるのか、自分の主張は文論・主語論・述語論の学史において如何なる意味を持つのか、といったことを強く意識しながら本書を執筆した。文の成立や主語・述語をめぐる山田孝雄・尾上圭介の所説、主語・題目語（主題）をめぐる三上章の論、仁田義雄のモダリティ論については、特に詳しく検討した。先行研究の論にしっかりと寄り添おう、学説を正確に紹介しようと努めた結果、引用が多くなっている。読者にとっては煩わしく、読みにくいかもしれないが、

論者たちがどのような文言で、どのように語っているか、いわば論者たちの「声」が味わえることと思う。

　本書では、第1章で「最近、よく飛行機に落雷するね。」「この一週間、行く先々で停電した。」のような文について論じる。なぜ、このような特殊な文（述語はあるのに主語がないように見える文）について考察するのか。それは、物事の本質を考えるためには特殊なものを無視しないことが大事だからである。特殊なもの、周辺的なものを無視しない——これも本書の特徴の一つである。

　例えば、助詞「は」の意味・用法を論じる際に、「地球は丸い。」のような主題提示用法と「私、明日からは真面目に勉強します。」のような対比用法だけを対象にするのでは、「は」の本質は見えてこない。「子どもが石を拾っては投げている。」のような「反復」を表す用法、「そんなこと、誰も言いはしない。」のような「強調」を表す用法や、「私、東京は葛飾、柴又の生まれでございます。」といった周辺的用法についても考察しなければ、「は」がどういう助詞かということは明らかにならない。

　文の問題においても同様である。〈述語のある文には主語もある〉というのが大方の理解であるが、「最近、よく飛行機に落雷するね。」「この一週間、行く先々で停電した。」のような、（明らかに述語を持つが）主語が分かりにくい文について論じられることは少ないように見える。これらの文は、論じにくい、厄介なものであるが、文とは何か、〈述語はあるが主語はない〉ということが原理的にあり得るのか、といった文法論上の根源的問題を考えさせてくれる。

　それでは、以下、〈述語のある文には必ず主語もあるのか〉という問題を皮切りに、文法論の深みへと入って行くことにする。

第1章

主語なし述定文の存否

1. はじめに

　山田（1908、1936等）が喚体と呼ぶ文（「妙なる笛の音よ。」「老いず死なずの薬もが。」等）に主語があるか否かは議論のあるところである（本書第8章第2節）。山田（1908、1936等）や尾上（2004、2006等）は喚体の文に主語を認めない立場であり、森重（1959、1965等）や川端（1976、2004等）は主語を認める立場である。

　一方、山田が述体と呼ぶ文（「松は緑なり。」「富士山は美しい。」等。本書では尾上[2006、2010等]の用語で「述定文」と呼ぶことにする）に主語があることに関しては、三上（1959、1963a等）のように主語の概念規定を狭くしない限り[注1]、ほぼ異論がないであろう。

　しかし、述定文には主語があると言うときに考えるべきこととして、次のような所謂「主語なし文」の問題がある。

（1）a　最近、よく飛行機に落雷するね。
　　　b　この一週間、行く先々で停電した。
（2）a　今、何時ですか？
　　　b　大変なことになった。

　（1）（2）に挙げたのは、いずれも述語を持つ文（述定文）であるが、これらの文の主語は何であろうか。

　述定文であれば必ず主語があるのか。或いは、主語のない述定文もあるのか。この問題について考察することは、文法論における根本的な諸問題を考えることに繋がる（具体的には本章の末尾で述べる）。

以下では、まず、述定文のようでありながら真正の述定文でないものを見る。次いで、主語が比較的分かりやすい述定文（上の例（2）のようなもの）について考え、最後に、主語の有無が分かりにくい述定文（上の例（1）のようなもの）について考察する[注2]。

2.　述定文に見えて真正の述定文でないもの
　主語を持たない述定文があるかという問題を考えるにあたって、次のようなものは考察の対象から除かなければならない。

（3）a　昔々のことである。
　　　b　ところがである。
（4）a　おはようございます。
　　　b　しまった！
（5）当時は何も知らない私でした。（市川1968：134）

　（3）〜（5）のような表現を考察の対象外とするのは、それらが述定文であるかに見えて真正の述定文ではないと考えられるからである。どういう意味で真正の述定文として扱えないのかを以下に述べる。

2.1.　実質的には語相当のもの
　上の（3）「昔々のことである。」「ところがである。」は、表面上は文の形をとっているが、実質的には語（ないし語連結）相当のものである。森重（1965）は、物語の冒頭の「夕方であった。」という表現について次のように述べている。

　　　文の形をとってはいるが、「それは夕方に起こった。」の意味としては勿論、「時は夕方であった。」の意味としても、実は単なる副詞という語相当であり、副詞文節相当なのである。（p.106）

　それでは、実質的には語相当のものが文の形をとるのは、なぜだろうか。「夕方であった。」のような表現に関する森重（1965）の見解は次のとおりで

ある。

> 述格的となって文の形をとったことで、むしろ以下の連文から独立し、独立しただけ以下への係り方も明瞭になり、物語全体への時の限定という意味も明瞭になったものといってもよい。(p. 108)

　森重の言うように、「(或る日の) 夕方、〜」と書くよりも、「夕方であった。」と書くほうが、以下の文章から切り離され、以下の文章の或るまとまり全体に対する「時」の限定・設定であることが明確になる。この効果のゆえに、時の状況語相当のものが、表面上、文の形をとるのだと了解される。
　「ところがである。」も、以下の文章から切り離すことによって、以下の文章の或るまとまり全体が上の内容と逆接関係にあることを明確にする働きをしていると言える。
　それでは、次のような場合については、どう考えればよいだろうか。

　(6) 彼は善人のように見えた。ところがである。じつは、大泥棒だったのだ。このことは私たちにとって非常な驚きであった。

　(6) において「彼は善人のように見えた。」という一文と逆接関係にあるのは、「じつは、大泥棒だったのだ。」という一文である。このような場合、「彼は善人のように見えた。ところが、じつは、大泥棒だったのだ。」のように書いてもよさそうなのに、なぜ「ところがである。」と文の形にするのか。これは、「ところがである。」という形で一旦大きく切ることで、上の内容(彼が善人のように見えたこと)と相反することがあるのだ、とインパクトを持たせて表現するためだと考えられる。「じつは、大泥棒だったのだ。」という文に埋め込んで「ところが、じつは、大泥棒だったのだ。」とするよりも、「ところがである。」としたほうが、相反する事柄の存在を際立たせることになる。

2.2. 非述定文的なもの
　「おはようございます。」「しまった！」のような表現は、「〜ございます」

「〜た」という形を持っていて、一見、述定文であるかに見える。しかし、こういう挨拶表現や反射的表現は、「おはようございました。」「おはようございましょう。」「しまう！」「しまっている！」のように文末形式を様々に変えることができない。文末形式が「おはようご<u>ざいます</u>。」「しまっ<u>た</u>！」という形に固定されているのは、これらの挨拶表現・反射的表現が真正の述定文ではなく、非述定文的なものであることを示している（国立国語研究所［1963：135-136］を参照されたい）。

2. 3.　述定文と非述定文の中間態

「当時は何も知らない私でした。」のような、「連体修飾語＋体言＋説明存在詞（「だ」「です」等。「説明存在詞」は山田文法の用語）」の形を特徴とする文は、川端（1965a）、森重（1965）が言うように、述体（述定文）と喚体（非述定文）の中間態であろう。文は述定文か非述定文かに明確に二分されるものではない。

「いくたびも危ないと伝えられて、くしくも持ち直して退院されたと聞いて、喜んだのに、にわかの訃報である。」という文について、森重（1965）は次のように述べている。

> 「にわかの訃報である」という句は、「訃報がにわかに来た。」「わたしはにわかの訃報に接した。」などという通常の平叙文―述体の文に置換してみると、その述体よりは「にわかの訃報よ。」とも置換されるべき詠歎文―喚体に近く、結局、述体・喚体の中間態である。そのために、主語と述語とが一致する傾向にあり、主語も通常の形では出ていない。基本形的には、「〔美しい〕花よ。」でも「花が美しい。」でもない　美しい花である。である。（p. 130。傍点は原文のもの）

このような、述定文と非述定文の中間態たる文に主語があるか否かは議論のあるところだが（例えば、川端［1965a］や森重［1965］は主語があるとし、三尾［1941］や井島［2002］は主語がないとする）、ここでは関説しない。主語なし述定文があるか否かということが本章のテーマだからである。このテーマのもとでは、「当時は何も知らない私でした。」のような文が述定文そのものではないことを言

えば足りる（このような文における主語の有無については、次章第４節を参照されたい）。

　なお、「連体修飾語＋体言＋説明存在詞」の形を持つ文でも、述定文として扱えるものがある。次例を見られたい。

（７）「目標は？」と後ろからおねえちゃんの声がする。……「体重五キロ、
　　　ウエスト三センチ」わたしはカレンダーから目を離さず、きっぱりと
　　　言った。……「それくらい脂肪ついてないと、おなか冷えちゃうよ」
　　　<u>思いつきの、いいかげんなことばかり言うひとだ。こっちが張り切っ
　　　てるときにかぎって、水を差すひとでもある。そして、努力とか自己
　　　実現とかにはまったく無縁のひと。</u>
　　　（重松清「寂しさ霜降り」『日曜日の夕刊』毎日新聞社、pp. 160-161。下線、竹林）

　下線部の三つの文（最後の文には説明存在詞がないが）の主語は「おねえちゃん」であり、各文は「（おねえちゃんは）〜。」という所謂「略題」の文である[注3]。

3.　主語が比較的分かりやすい述定文
　主語がないかに見える述定文の中で、主語が何であるかが比較的分かりやすいものがある。

（８）（部屋に入っての発話）ずいぶん暗いなあ。
（９）今、何時ですか？
（10）大変なことになった。
（11）スイスでは幾つもの言語を使っている。
（12）警察で、事故の原因を調べている。（市川1968：133）
（13）二辺の等しい三角形を二等辺三角形という。（市川1968：132）
（14）本学に文学部および理学部を置く。（市川1968：133）

　（８）「（部屋に入っての発話）ずいぶん暗いなあ。」、（９）「今、何時ですか？」の主語は、各々、「部屋（の状態）」「時刻」である[注4]。（10）「大変なことになった。」の主語は、（８）（９）に比べると少し分かりにくいかもしれないが、「事

態」であると言えよう[注5]。(11)「スイスでは幾つもの言語を使っている。」、
(12)「警察で、事故の原因を調べている。」の主語は、各々、「(スイスの)人々」
「(警察の)人々」であり、(13)「二辺の等しい三角形を二等辺三角形という。」、
(14)「本学に文学部および理学部を置く。」の主語は「我々」である((11)~
(14)の文の主語については、三上[1958c]、市川[1968]を参照されたい)。「「朱に交わ
れば赤くなる」と言われる。」のような文の主語も「我々」であると考えられ
る(引用部分「朱に交われば赤くなる」が主語だという見方もあり得るが)。

　それでは、次のような文の主語は何だろうか。

(15)　私には、百メートル13秒では走れない。(市川1968：133)
(16)　私にも、そう思われます。(三上1970：167)
(17)　殿下には、式後直ちにご帰京になった。(三上1970：165)

　市川(1968)は(15)の文について、「主体に代わりうる当事者(竹林注：(15)
では「私」)の表示を伴うため、主語[注6]を必要としないもの」(p. 133)であると
している。また、三上(1970)は(16)(17)を無主格文とし、(16)では「そ
う」、(17)では「殿下には」が主格の代わりになっているとする。

　上の(15)~(17)は、各々、「不可能」「自発」「尊敬」という別々の意味
を表すが、本質的には、個体の運動として事態を語るのではなく〈或る場にお
いて事態が全体として発生する(或いは、発生しない)〉という語り方をするタイ
プの文(尾上[1998d、1998e、1999a、2003等]が「出来文」と呼ぶもの)である[注7]。
尾上(同上)が詳しく論じているように、このタイプの文では「場」(抽象的な
「場」を含む)が主語となる(二重主語文においては、「私は納豆が食べられない。」のよ
うに、場[この例では「私」]が第一主語に立つ)。例えば、「あの人は上司にほめら
れた。」という文(日本語の受身文は出来文の一種)は、《あの人において、上司が
(あの人を)ほめるということが起きた》という語り方の表現であり、主語「あ
の人」は、「上司が(あの人を)ほめる」という事態の発生した場である(受身文
において動作主が「に」で標示される理由については、竹林[2007：第Ⅱ部第1章]で考察
した)。

　(15)「私には、百メートル13秒では走れない。」、(16)「私にも、そう思われ

ます。」、(17)「殿下には、式後直ちにご帰京になった。」の各文における事態発生の場は「に」格項目（『私』『殿下』）である。「が」格項目相当の「に」格項目があることは先行研究で既に指摘されている（原田1973、柴谷1978：第4章、第5章、杉本1986、等）。(15) ～ (17) の主語は「に」格項目（『私』『殿下』）であると考えてもよいのではなかろうか（「に」格の主語については、仁田［1997b：175-177］も参照されたい）。

　次のような文の「から」格項目を主語と見るか否かについては、意見の分かれるところであろう。

　(18)　私から彼に日程を伝えておきます。

　こうした「から」格項目を主語と見る立場もあるが（例えば、仁田［1997b：168-169］[注8]、角田［2014：272］を参照されたい）、尾上（1997b、1998a、1998c、2004等）のように「が」格項目のみを主語とする立場では、「から」格項目を主語とすることはためらわれるであろう[注9]。ただし、尾上のような立場をとるにしても、(18) の「から」格項目（『私』）が主語相当であるということは言えるのではなかろうか。「から」は起点を表すことを本質とするが（森1997、竹林2007：45、106-107）、「伝える」という伝達行為の起点（『私』）は、実質上、「伝えておく」という行為の主体（(18) の文で語られる事柄における中核項目の立場にあるもの）にほかならない。

4.　主述未分化の述定文

　「最近、よく飛行機に落雷するね。」「この一週間、行く先々で停電した。」のような述定文には主語があるだろうか。

　こういう述定文にも主語を認めようとするなら、「落雷する」「停電した」という述語が主語を未分化に含んでいると言うことになるであろう。「落雷する」「停電した」は、各々、「雷が落ちる」こと、「電気が停まった（消えた）」ことであり、「雷」「電気」が主語だという理解の仕方である（市川［1968：134］は、こうした表現を、「なんらかの形で、主語・述語の関係が統合化されているため、主語を分立させない表現」のうち、「主述の関係を含む漢語の用いられる場合」としている）[注10]。或

いは、「落雷する」「停電した」は「落雷が発生する」「停電が発生した」ということなのだと考えて、「落雷」「停電」を主語とする見方もあり得よう（サ変動詞「する」は本質的に〈現出〉を表すと考えられる。このことについては竹林［2008：第5章第4節］を参照されたい）。

　しかし、そういう、述語の中に未分化に含まれているようなものを主語とは見なさない、という立場もあるだろう。

　「最近、よく飛行機に落雷するね。」「この一週間、行く先々で停電した。」のような「主述未分化の述定文」（と仮に呼んでおく）に主語を認めるか否かは、結局のところ、主語をどういうものと見るかによる。「妙なる笛の音よ。」「水！」のような非述定文に主語を認めるか否かも、この「主語観」の問題である。

　「雨が降ってきた。」「雷が鳴っている。」のような文がある（川端［1958］等は「措定文」と呼ぶ）。この種の文の主語（「雨」「雷」）は、降雨現象・雷鳴現象といった現象の全態から分化的に取り出されたものである（川端1958、尾上1997a、1997b）。こういう主語は、「現実にそのモノが存在し、事態を描写するときに言語主体の眼がまずそれに行くような、個体としての主語ではなく、現実にはそれしか存在しない現象の全態の中にあえて中核的なモノ項目を設定してみたときにはじめて意識されるような主語」（尾上1997b：90）である。

　措定文（の主語）がこういうものであるのに対して、「現実にはそれしか存在しない現象の全態」から中核項目を分化させずに表現したのが「最近、よく飛行機に落雷するね。」「この一週間、行く先々で停電した。」のような主述未分化の述定文だと言える。

　なお、「発車する」「停車する」「開幕する」「閉幕する」「昇格する」等も、漢語部分が「動き・変化＋その主体」であるという点では「落雷する」「停電する」と同様であるが、「バスが発車する／停車する」「冬季オリンピックが開幕した／閉幕した」「彼が昇格した」のように主語が立てやすい点で、「落雷する」「停電する」（特に「落雷する」）と異なる。

　主述未分化の述定文における述語は「落雷する」「停電する」「着雪する」のような漢語動詞のみではない。「しぐれる」「ふぶく」のようなものも「落雷する」「停電する」「着雪する」と同類のものである（「しぐれる」「ふぶく」は各々「時雨が降る」「吹雪が吹く」ということ——「時雨」「吹雪」の現出——である）[注11]。

5. おわりに

　本章では、「主語なし述定文はあるか」という問題を考察するにあたって、まず、「述定文に見えて真正の述定文でないもの」について述べた。次いで、主語なしに見える述定文の中で、主語が何であるかが比較的分かりやすいものを見た。そのようにして残ったのが主述未分化の述定文である。

　主語なし述定文があるか否かは、詰めて言えば、主述未分化の述定文をどう見るかにかかっている。〈述語の中に未分化に含まれているものでも、意味的に、文で語られる事柄の中核項目だと言えるなら主語と見なす〉という立場に立てば、主語なし述定文はないことになるであろう。一方、〈形式の上で分化していないものは主語と言えない〉という立場に立つなら、主語なし述定文は存在することになる。

　述定文とは、述語で動作・変化・性質・状態等を語る文である。〈述語はあるが主語はない〉ということが原理的にあり得るのか否か。そもそも、述語とは如何なるものか。主語は、意味のレベルで認定すべきものなのか、形式のレベルで認定すべきものなのか、或いは、意味・形式の両面から認定する必要があるのか。さらに言えば、文とは何か。文が成立するための要件は何か。

　これらの根本的な問題を一連のこととして考察しなければ、〈主語なし述定文はあるか〉という問いへの明確な答えは出ない。そして、主語なし述定文の有無について明確な答えが出るときには、非述定文に主語があるか否かという大問題への解答も出るはずである。述定文（述体）についての考察と非述定文（喚体）についての考察とは別のことではない。

　上記の「根本的な問題」についての筆者の見解は、本書の第2章・第3章・第5章・第9章、および「結語」で述べたい。

注

1）主語の概念規定をめぐっては大きく二つの立場がある。一つは、三上章のように、動詞支配といった統語的に特別な振る舞いをする名詞項を主語と呼ぶ立場である。もう一つは、文で語られる事柄において中核をなす名詞項を主語と呼ぶ立場である。前者は、英語やドイツ語のような言語に引きつけて主語を捉えているのであり、日本語

やコリア語（Korean language）を含めて幅広く言語のあり方を考えるためには後者の主語規定に立つほうが有効であろう（主語の概念規定については第6章でも論じる）。後者の主語規定の有効性については尾上（2008a）でも述べられている。

2）「走れ。」のような命令形命令文は、述定文（述体）と見る立場（山田1908、1936等）と、非述定文（喚体）と見る立場（尾上2006、2010等）がある。よって、本章では、命令形命令文の主語の問題については論じない（命令形命令文における主語については、第2章第4節を参照されたい）。

3）題目語（主題）であることと主語であることとは相互排他的でない。即ち、「富士山は美しい。」の「富士山（は）」のように題目語でもあり主語でもあるという場合がある。題目語だから主語ではないとか、主語だから題目語ではない、ということはない（このことについては尾上［2004、2008a］を参照されたい）。なお筆者は、尾上（2004、2008a 等）と異なり、題目語であれば主語である（題目語は主語の一種である）という見方をとっている（竹林2004：48-51、竹林2008：37-41、本書第6章第3節）。主語を、題目語である主語と、題目語でない主語とに分ける見方は、大久保（1955：156）でもとられているが、この大久保（1955）の見方は大久保（1968：424-425）で一部修正されている。

4）体感温度や明るさ、ないし、それらの変化を語る文において主語を言語形式化するときは、「この部屋は寒い。」「あたりが暗くなった。」のように「場」が主語になることが多い（尾上1998c）。「私、なんだか寒い。」といった文における「私」も、寒さを感じる主体としての「場」——「私」において寒さが感じられるということ——である。

5）三上（1970：164）は、「11時になった。」「暖かくなりましたね。」「いい天気になった。」「すぐに御飯になった。」のような例を挙げて、「所動詞“（ニ）ナル”にも主格を欠く用法がある。言表わされない主格は、時ガ、気温ガ、状態ガ、事態ガである」と述べている。

6）市川（1968）は「主語」について次のような立場をとっている。
　　ここ（竹林注：市川1968）でいう「主語」の概念については、鈴木重幸氏の、次のような規定、「主語とは、述語に連用的にかかり、述語の表わす属性のもちぬしを表わす部分である。主語になる形は、名詞あるいは名詞的に用いられた語句の「——が」あるいは「——は」「——も」「——さえ」など係助詞のついた形、あるいははだかの形（助詞のつかない形）、さらに、連体的な句の中で「——の」の形などである。」（「主語」——『講座現代語』6）というのに準拠することにする。（pp. 130-131）

7）（17）「殿下には、式後直ちにご帰京になった。」は、尾上の言う「出来文」そのもの

ではないにしても、〈「殿下」を「場」として、そこに起きた事態を語っている〉という点で、意味の上では出来文的である。

8) 仁田（1997b）は主語について、「述語の要求する成分のうち、事態の中心・動きや状態や関係などの体現主体として、引き上げられた要素」（pp. 167-168）であるとする。仁田の主語論については、仁田（2007）も参照されたい。

9) 尾上の言う「が」格項目とは、「富士山は美しい。」「彼だけ来た。」のように係助詞や副助詞が現れたり、「財布φ落ちましたよ。」（φ＝無助詞）のように無助詞であったりしても、「その名詞項と述語との意味関係を大きく変えないで格助詞で言うとすればガが用いられる項」（尾上2004：8）のことである。

10) 森山（1988）は、「停電する」について、「動きの主体となるものが、語内部にすでに含まれている」（p. 67）と述べている。また、森山（1988：67）では、「私の部屋が停電した。」のように事態発生の場所が主語になることもあると指摘されている。「停電する」を述語とする文に場主語があり得るのに対して、「落雷する」を述語とする文では場所が主語になりにくい（「屋根が落雷した。」のように言いにくい）。「停電する」の場合は、停電現象を、その発生場所のあり方として捉え、叙述することが可能であるが、「落雷する」の場合は、そういうことが困難なのである。「雷が落ちる」という運動が比較的強く意識されるためであろう。

11) 鈴木（1992）は次のように述べている。

　　「しぐれる」「ふぶく」は無人称動詞ということができるであろう。自然現象をあらわす文では意味的に主体とその動きとに分析できない（あるいはそうする必要がない）ものがある。「雨がふっている。」「風がふいている。」のような文の意味は、主体とその動きに分析できない。ふっていなければ、雨ではないし、ふいていなければ風ではない。（この点、「雪がふっている。」は、雪という実体がほかにあるから、すこし事情がちがうかもしれない。）このばあい、日本語では主語に実質的な現象の意味をもたせて、述語は（やや）形式的になっている。「しぐれる」「ふぶく」は述語に実質的な意味（現象）がこめられていて、主語を必要としない。方言の「しばれる」などもこの類か。（p. 102）

　　なお、（外を見ながら）「ずいぶん、しぐれるね／ふぶくね。」のような文では、「今の天気（外の様子）」が主語であると言える。（ケーキを食べて）「おいしいね。」という文の主語が「ケーキ」であるのと同様である。「ずいぶん、しぐれる／ふぶく」というのは、上の場合、「今の天気」についての話だからである。

第2章

山田文法の「統覚作用」概念と文の成立

1. はじめに

　本章では、山田孝雄の文法論をどう継承するかということを意識しつつ、おもに、山田文法の「統覚作用」概念について考察する。この「統覚作用」の内実を考えることは、文とは何か、文成立のための要件は何か、という文法論上の大問題を考察することに直接的に繋がる。

　山田（1936）は「一の句とは統覚作用の一回の活動によりて組織せられたる思想の言語上の発表をいふ」（p. 917）と述べる。「統覚作用」（精神の統一作用、意識の統合作用）が一回発動することによって「思想」（事柄内容）が形成される、その「思想」を言語として表現したものが一つの「句」[注1]だ、ということである。句の成立に決定的に関わる「統覚作用」は、山田の文法論において最も重要な概念である（山田文法において「統覚作用」が如何に重要な概念であるかについては、尾上［1981、2010］を参照されたい）。

　山田の統覚作用は、述体句（「花うるはし。」「これは花なり。」等）においては材料観念——山田の用語で言えば、「実体」（「実在」）[注2]と「属性」——を統一するものである（「実体」を表すのが主語、「属性」を表すのが賓語）。

　一方、喚体句（「妙なる笛の音よ。」「花もが。」等）における統覚作用の働きは、述体句の場合とは異なる。喚体句も句である以上、そこに統覚作用の発動があると認めなければならない。しかし、山田の見解では、喚体句の構造は「実体」（主語）と「属性」（賓語）が統一されるというものではない。

　それでは、喚体句における統覚作用とはどういうものであり、それは述体句における統覚作用とどのように繋がるのか。この重要点について山田は明確な説明をしていない。

では、山田の「統覚作用」概念は、欠陥のあるものとして捨て去られてもよいのだろうか。山田文法を継承する尾上圭介は、そうは考えない。むしろ、「『日本文法論』に見られる山田氏の統覚作用概念のこの設定こそ、文法論として必要なものであると考えられる」（尾上2010：20）と述べている。尾上がこのように考えるのはなぜか。

本章では、以下、統覚作用についての尾上の論を見たのち、「統覚作用」概念をめぐる筆者（竹林）の考えを述べる。

2. 統覚作用についての尾上説

尾上（2006、2010）によれば、山田の統覚作用の本質は「存在そのこと」を表すところにある。尾上の言う「存在そのこと」とは、事物が現実領域ないし非現実領域[注3]に存在することを承認もしくは希求することである（希求は非現実領域に限られる。また、非現実領域に存在することの承認とは「推量」である）。

山田の統覚作用が「存在そのこと」を表すものであることの証拠として尾上が挙げているのは、〈用言が「属性」を表さずに統覚作用のみを表すのは、「これは花なり。」のような説明存在詞（形式用言の一種）の場合である〉ということである（尾上2008b：35、尾上2010：12-13）。

また、尾上は、「き」「む」のような「統覚の運用に関する複語尾」（山田1936）——山田（1908）では「統覚の運用を助くる複語尾」と呼ばれている——について、事物の存在領域（現実領域に存在するのか、非現実領域に存在するのか）を表す形式であるとする。「き」は「現実領域に存在を語る複語尾」であり、「む」は「非現実領域に存在を語る複語尾」だということである（尾上2010：21）。

説明存在詞や「統覚の運用に関する複語尾」は述体句に関わるものであるが、尾上は喚体句についても、「存在そのこと」が表されているという点では述体句と同様であるとする。喚体句には感動喚体句（「妙なる笛の音よ。」等）と希望喚体句（「花もが。」等）があるが、感動喚体句は現実領域の存在承認の表現であり、希望喚体句は非現実領域の存在希求の表現である。

述体句において統覚作用が「実体」と「属性」を統一すると山田が主張している、その内実は、「存在するもの」（山田の言う「実体」）が或る「存在様態」（山田の言う「属性」）をもって現実領域ないし非現実領域に存在することを承認な

いし希求することである、というのが尾上の了解である。

〈山田の統覚作用の本質は「存在そのこと」を表すところにある〉と見ることは、〈本質的に、文は存在を語る——存在承認か存在希求を表す——ものである〉という見方と繋がる。こういう文観に立って、尾上は、主語・述語の発生原理を論じる。尾上によれば、主語・述語とは、一つの存在を「存在するもの」と「存在の仕方」（「在り方」）とに分けたものである。「存在するもの」が主語であり、「存在の仕方」（存在様態＋存在そのこと）が述語である。

上のように、尾上は、山田の「統覚作用」概念を「存在そのこと」を表すものとして継承し、「存在」をキーワードとする文法論を展開している。この文法論は、〈概念（或いは、概念の結合体）を発話することが、どのようにして文的意味を表現することになるか〉〈述語を持つ文（述定文）と持たない文（非述定文）があるのはなぜか〉〈述定文に主語と述語があるのはなぜか〉〈述語にテンス・モダリティがあるのはなぜか〉といった、文法論における根源的な諸問題に説明を与えるものであり、きわめて魅力的である（これらの諸問題をめぐる尾上説については、本書第5章で検討する）。

ただ、〈山田の統覚作用は「存在そのこと」を表す〉と見るのに躊躇を覚えさせることがある。それは、山田（1936）に見られる、次のような記述である。

　　　「あり」といふ用言は存在の義をあらはし進みてはたゞ陳述の義のみをあらはすに至れり。(p. 270)

山田は、「あり」について「存在の義」と「陳述の義」とを区別している。山田（1936：187）にも、「用ゐ方によりては存在の意もなくなりて、たゞ陳述の力のみをあらはすに止まる場合もあるなり」と述べられている。「たゞ陳述の義（陳述の力）のみをあらはす」場合とは、山田（1908）が「あり」の第三の用法としているものに相当する。

　　　第三の用法は専統覚作用をあらはすに用ゐらるゝなり。即この用法は体言又は準体言及副詞のある者を以て其の観念部を担当せしめ、自家は唯其の賓語と主語とを結合せしめて、文の決定要素をなす。しかして陳述の能力

は全くこの形式用言に存するものなれば、これ即論理学上の決者 Copula と称せらるゝものに該当す。心理学上にいはゆる統覚作用を具象的にあらはしたるものなり。之を名づけて説明動詞といふ（竹林注：「説明動詞」は、山田［1936］では「説明存在詞」と呼ばれている）。さて、この種のものゝ賓語となるものは、多くは直に「あり」に接せずして「に」又は「と」といふ助詞を介して接し、而、多くの場合に於いては「に」若くは「と」と「あり」とが熟合して「なり」若くは「たり」といふ一種の形を新に構成せり。
　　（山田1908：343。下線、竹林）

　「これは花<u>なり</u>。」のように、「あり」が専ら統覚作用を表すとき、そこには「存在」の意はないというのが山田の見方である。
　「存在」をキーワードとする尾上の文法論は、深みもあり説得力もあるが、山田の「統覚作用」概念を直接的に継承したものとは言えないであろう。

3.　統覚作用の本質

　それでは、「専統覚作用をあらはす」（「たゞ陳述の義のみをあらはす」）とは、どういうことなのだろうか[注4]。
　山田（1908：343）の説明では、「専統覚作用をあらはす」とは「賓語と主語とを結合せしめて、文の決定要素をなす」ことであり、論理学で言う Copula（繋辞）の働きに相当する。しかし、先に述べたように、これは（山田文法においては）述体句の統覚作用について当てはまる説明である[注5]。喚体句の統覚作用も含めて山田の「統覚作用」概念の本質を捉えるためには、「賓語と主語とを結合せしめて、文の決定要素をなす」ということがどういうことなのか、深いところで理解しなければならない。
　「これは花なり。」は、主語項目「これ」が「花」というありさま（属性）を有していることを語っている[注6]。主語項目が或るありさまを有しているというのは、主語項目における或るありさまの実現と言ってもよい。即ち、主語項目において或るありさまが実現している、ということである。山田（1936：93）に「属性は本来ある実在に依りて存すべき性質のものなれば、<u>その属性がそこに存す</u>といふことの説明陳述をなす語としてあらはるゝことあり。かゝるとき

にはその属性はたゞ属性としてのみあらはさるゝにあらずして、それと共に説明陳述をなす精神の統一作用をも伴ひてあらはさるゝなり」（下線、竹林）とあるのは、この意味である（即ち、〈主語項目における或るありさまの実現〉のことを述べている）と了解される。

　勿論、山田（1908）が統覚作用（「決素Copula」）について「両資料（竹林注：主位観念と賓位観念）が同一視せらるゝか、若くは異別視せらるゝかを定むる要素なり」（p. 496）と書いているとおり、「これは花ならず（花にあらず）。」のように、主語項目が或るありさまを有していない──主語項目において或るありさまが実現していない──と語る場合もある。

　このように見てくると、「専統覚作用をあらはす」（「たゞ陳述の義のみをあらはす」）とは、述体句について言えば、主語項目における或るありさまの実現や不実現を表現することだと考えられる。山田（1908）が述体句における統覚作用・陳述の内実を、次のように「発現（の状況）」という言葉を用いて説明していることに注目されたい。

　　　この第二の類（竹林注：所謂「助動詞」のうち、動詞の「動作状態の陳述に関する用法の不備を補ふ」[p. 167] もの）に至りては吾人は之を一の独立せる単語として見るよりも一種の語尾と見むと欲するなり。これ実に其の本性が用言の終尾にありて専ら統覚作用の不備を補ふものなればなり。動作状態の委曲の事は用言其の者にては十分にあらはすこと能はざるが故に之に附属して、その動作状態の発現の状況等をあらはすなり。（pp. 167-168。下線、竹林）

　　　動詞の本幹は唯単純素朴なる陳述をなしうるのみ。即、一の事実の発現を唯、何等の曲折なしにあらはすものなるのみ。（p. 389。下線、竹林）

　実現や不実現（これらをまとめて、竹林［2004、2008］では「実現性のあり方」と呼んだ）を語り分けるのが山田の「述語」（述格に立って主・賓を統一する語）なのであった。主位観念（主語）と賓位観念（賓語）の関係──主位観念において賓位観念が如何なる実現性のあり方を有するかということ──を語るのが「述定する」ということである。

この語り分けは、古代語において述定に積極的に関わる三活用形（未然形・連用形・終止形）と、それらから分出される複語尾に顕著に見てとれる[注7]。

　未然形および未然形分出複語尾（「ず」「む」「じ」「まし」等）は不実現を語る形である（「不実現」には、①時間次元における不実現［これが「未実現」］、②空間次元における不実現［主語項目における不実現。山田文法で言う「間接作用」[注8]、③時空間を超えた次元［例えば仮想世界や一般論］における不実現、の三種があると筆者は考える。詳しくは竹林［2008：3-10］を参照されたい）。

　また、連用形および連用形分出複語尾（「き」「けり」「つ」「ぬ」等）は既実現を表す（竹林［2004：57-61、83-86］、竹林［2008：8-9、88-89］を参照されたい）。

　終止形および終止形分出複語尾（「べし」「らし」「らむ」「めり」等）に関しては、未然形・連用形のような明確な性格規定はできないとする論もあるが（仁科1998等）、本書筆者は、実現を語るものであると考えている（竹林［2004、2008］で詳述した）。「実現を語る」というのは、実現している（と判断される）ことを語る場合（「花、咲く。」[《花が咲いている》の意]、「花咲くらむ。」等）もあるし、発話時以降に実現すると判断される（或いは、判断されない）ことを語る場合（「花咲くべし。」「花咲くまじ。」等）もある。

　現代語においても、「花が咲かない。」は不実現、「花が咲いた。」は既実現、「花が咲くらしい。」は実現を語る表現である（現代語における、実現性のあり方の語り分けに関しては、竹林［2004：第Ⅰ部第3章］、竹林［2008：第3章］を参照されたい）。

　それでは、喚体句における統覚作用とは、どういうものであろうか。

　山田（1936）には次のような記述がある。

　　吾人がこゝにいふ統覚作用とは、意識の統合作用を汎くさせるものなれば、説明、想像、疑問、命令、禁制、欲求、感動等一切の思想を網羅するものなり。さる意の思想の活動の一回行はれたるものが、言語によりて発表せられたるものを一の句とはいふなり。(pp. 917-918)

　希望喚体句で表現されるのは「欲求」であり、感動喚体句で表現されるのは「感動」である。

　希望喚体句が表す「欲求」とは、何事かの実現を希求することである。そし

て、その「何事か」は発話の場に実現していない事柄である。その実現していない事柄が実現することを求めるのが希望喚体句である。

　例えば、「花もが。」という希望喚体句であれば、イマ・ココに実現していない「花のあること」が実現することを希求している。「花もが。」は、「花のあることの現実化の希望」（川端1965b：37）を表す。また、「世の中にさらぬ別れのなくもがな　千代もと祈る人の子のため」（『伊勢物語』第84段）という希望喚体句であれば、この世において実現していない「さらぬ（避けられぬ）別れのなきこと」が実現すること（即ち、「さらぬ別れ」がなくなること）を希求している。希望喚体句で表現されるのは、希求対象である事柄（上の例で言えば「花のあること」「さらぬ別れのなきこと」）の不実現——或る事柄が実現していないこと——と、その事柄が実現することへの希求感情である。

　堀川（1998）は「希望喚体の基本はあくまで「モノ」の希求にあると考える」（p.99）とする。しかし、「モノ」の希求というのは、詳しく言えば、〈モノの存在が実現すること〉——モノが存在するようになること——に対する希求である、ということを押さえておきたい。川端（1965b）や本書のように、「花もが。」といった希望喚体句を「コト」の希求と見ても問題はなく、むしろ、そう見たほうがよいのではなかろうか[注9]。

　感動喚体句が表す「感動」とは、実現している事柄への感嘆である。「妙なる笛の音よ。」であれば「妙なる笛の音」の存在（「笛の音の妙なること」）に対する感嘆であり、「秋風にたなびく雲の絶え間より漏れいづる月のかげのさやけさ」（『新古今和歌集』413番歌）であれば「秋風にたなびく雲の絶え間より漏れいづる月のかげのさやけきこと」に対する感嘆である。或る事柄が実現していることを、感嘆をもって語るのが感動喚体句である、と言ってよい。

　上のように、希望喚体句にせよ感動喚体句にせよ、〈実現していない〉〈実現する〉〈実現している〉といった「実現性のあり方」が鍵概念であり、この点で述体句と同様である。ここに山田文法の統覚作用の本質がある。即ち、精神の活動たる統覚作用とは、「実現性のあり方」についての認識——実現しているのか否か、これから実現するのか、といったことを認識すること——であり、その認識を言語化したものが様々な「実現性のあり方」表現なのであった。

4. 喚体句と述体句の交渉

　山田 (1936) は、喚体句と述体句を「根本的に差別ある二種の発表形式」
(p. 935) としながらも^{注10}、「喚体と述体とはその思想の発表の形式と方法との
上の差異にしてその思想の根柢に於いては通ずるものなること明かなりといふ
べし」(p. 994) と述べている。喚体句と述体句が「思想の根柢に於いては通ず
る」というのは、喚体句「秋風にたなびく雲の絶え間より漏れいづる月のかげ
のさやけさ」を「秋風にたなびく雲の絶え間より漏れいづる月のかげ、さやけ
し。」と述体句にすることができる、といった表面的なこととして受け取るべ
きではなく、そういう言い換えを可能にする所以において理解されなければな
らない。

　喚体句と述体句に通底するものとは、一つには、統覚作用の活動が存すると
いうことであるが、それだけではない。

　統覚作用とは「実現性のあり方」についての認識であると述べたが、実現性
のあり方とは「何事かの実現性のあり方」である。喚体句にせよ述体句にせよ、
或ることの実現性のあり方が語られている。

　その「或ること」は、述体句においては主語と賓語で表現される。例えば、
「花うるはし。」の主語は「花」、賓語は「うるはし」である（「うるはし」は述語
でもある。実質用言においては賓語と述語が重なる）。「これは花なり。」のような場合
だと、主語は「これ」、賓語は「花」である（述語は「なり」）。

　また、「妙なる笛の音よ。」のような第一種感動喚体句では、中心骨子たる体
言（「笛の音」）が意味上の主語であり、連体修飾部分（「妙なる」）が意味上の賓
語である。「秋風にたなびく雲の絶え間より漏れいづる月のかげのさやけさ」
のような第二種感動喚体句では、連体修飾部分（「秋風にたなびく雲の絶え間より漏
れいづる月のかげ」）が意味上の主語^{注11}であり、中心骨子たる体言（「さやけさ」）
が意味上の賓語である。

	意味上の主語	意味上の賓語
第一種感動喚体句	中心骨子たる体言	連体修飾部分
第二種感動喚体句	連体修飾部分	中心骨子たる体言

「花もが。」のような希望喚体句では、体言「花」が意味上の主語であり、言語形式化されていない「あり」が意味上の賓語である。「花もが。」は、「花（あり）もが。」ということである（川端1965b）。また、「世の中にさらぬ別れのなくもがな。」のような希望喚体句では、体言「さらぬ別れ」が意味上の主語であり、「なく」が意味上の賓語である。

　前章で「述体と喚体の中間態」とした「当時は何も知らない私でした。」のような文も、或ることの実現性のあり方が語られている点で述体句・喚体句と同様である。例えば、「当時は何も知らない私でした。」という文について言えば、「私」が意味上の主語であり、「何も知らない」が意味上の賓語である（「当時は」は状況語）。同文では、この意味上の主・賓から成る事柄の既実現性が語られている。

　「走れ。」のような命令文（山田文法では命令文は述体とされている）においては、原則として二人称者が主語であり注12、この主語と賓語（命令文の場合は用言。例えば「走る」というありさまを表す）から成る事柄の実現性のあり方が表現される。命令文は、事柄（例えば〈二人称者が走ること〉）が不実現であること（実現していないこと）を表すとともに、その不実現の事柄が実現することを希求する文である（「要求」は希求の一種である）。

　「このまま座ってろ。」のような命令文は、二人称者が既に座っているのだから、「不実現の事柄」ではないように思えるかもしれない。しかし、「このまま座ってろ。」という文で求められているのは、この発話以降においても座る状態を継続することである。発話時以降における〈二人称者がこのまま座っている〉という事柄は、言うまでもなく、「このまま座ってろ。」という文の発話時においては不実現の事柄である。

　感嘆を表す「犬！」や希求を表す「水！」のような名詞一語文は、言語形式そのものからは意味が一義的に定まらない（即ち、コンテクストによって意味が了解される）ため、山田文法では不完備句として扱われている（山田1908：1186-1190、山田1936：918-924）。しかし、或ることの実現性のあり方が語られている点で、これらの名詞一語文は完備句と同様である注13。

　例えば感嘆名詞一語文「犬！」は、〈犬の存在〉という事柄が実現していること（即ち、犬が存在していること）を、驚きをもって表現した文である。「犬」

が意味上の主語であり、言語形式化されていない「いる」が意味上の賓語であると言ってよいであろう。また、希求名詞一語文「水！」は、〈水の存在〉という事柄が実現していないことと併せて、水の存在が実現することへの希求感情を表現した文である。先に見た希望喚体句「花もが。」と同様に、「水」が意味上の主語であり、言語形式化されていない「ある」が意味上の賓語であると言えよう。「水！」は、イマ・ココに実現していない「水のあること」が実現するようにと、切に希求している文である。

　上のように、句（文）の本質は、或ること（主・賓から成る事柄）の実現性のあり方を語るところにある（その「根拠」——何ゆえ句の本質がそういうものなのかということ——は人間の事態認知の仕方に求められる［竹林2008：81-83]）[注14]。山田文法の最重要概念たる統覚作用についての考察から得られたのは、こういう見解である。

5. 統合作用としての統覚作用と、「実現性のあり方」表現

　山田文法の統覚作用とは、材料諸観念を統合する働きである。山田（1908）は次のように述べている。

> 惟ふに思想とは人間意識の活動状態にして、各種の観念が或一点に於いて関係を有する点に於いて合せられたるものならざるべからず。この統合点は唯一なるべし。意識の主点は一なればなり。この故に一の思想には一の統合的作用存す。之を統覚作用といふ。(pp. 1183-1184)

　それでは、「各種の観念」を統合する働きと、本章で明らかにした統覚作用の内実——主・賓から成る事柄の実現性のあり方を表すこと——とは、どのように繋がっているのであろうか。

　本章第3節でも述べたように、主位観念と賓位観念との統合とは、〈主位観念における、賓位観念（広義「属性」）の実現性のあり方を語る〉ということであると筆者は考える。「これは花なり。」という文を例にとれば、〈主位観念「これ」において「花」という属性が実現している〉と語ることが、主位観念「これ」と賓位観念「花」とを統合することである、という了解である。

主位観念における、賓位観念の実現性のあり方を語ることは、主・賓から成る事柄の実現性のあり方を語ることでもある。再び「これは花なり。」を例にして言えば、〈主位観念「これ」において「花」という属性が実現している〉と語ることは、〈「これ」が「花」という属性を有することが実現している〉と語ることでもある。

主位観念と賓位観念を統合することと、主・賓から成る事柄の実現性のあり方を表すこととは、上記のような関係にあるのであり、互いに別々のことではない。

6. おわりに

本章では、山田文法における「統覚作用」概念の内実を考察した。そして、山田文法の「統覚作用」（精神の統一作用、意識の統合作用）とは、或ることの「実現性のあり方」についての認識であり、この認識を言語化したものが、事柄の不実現・既実現・実現を表す、種々の「実現性のあり方」表現であることを述べた。

第2節で見たように、尾上圭介は山田文法の統覚作用を「存在そのこと」を表すものと見るが、本書筆者は、事柄の「実現性のあり方」についての認識として捉える。このように捉えたほうが、〈「あり」が専ら統覚作用を表すとき、そこに「存在」の意はない〉とする山田の論と合致するのではないかと考える。

また、本章では、述体句のみならず喚体句にも意味上の主語・賓語があることを述べ、〈句（文）の本質は、主・賓から成る事柄の実現性のあり方を語るところにある〉とした。山田 (1936) が、述体と喚体とは「思想の根柢に於いては通ずる」(p. 994) と言っているのは、上のような意味であろう。

それでは、文ならざる句（例えば連体句）と文（文たる句）との違いは、どこにあるのか。句も文も〈或ることの実現性のあり方〉を語るものであるなら、文ならざる句と文とで何が異なるのか。文を文たらしめるものは何か。このことを問題にしたのが時枝誠記である。次章では、句と文との相違に関する時枝の山田文法批判を見たのち、この問題について考察する。

注

1）山田文法で言う「句」とは「文の素たるもの」のことであり、「句が運用せられて一の体をなせるもの」を「文」と言うとしている（山田1908：1171-1174、山田1936：904）。一つの句で成立している文が「単文」であり、複数の句で成立している文が「複文」である（山田1936：1052）。

2）「実体」「実在」といっても、この世に実際に存在する（或いは存在した）人やモノに限られない（山田1908：160-161、山田1936：92）。

3）「現実領域」とは「話者がそこに立ってものを言っているこの世においてすでに起こってしまった領域、既実現の領域」であり、「非現実領域」とは「①この世で未実現の領域、②推理・推論、仮定世界など観念上の領域、③この世で既実現ではあるが話者の経験的把握を超えた「よくわからない」領域、の三者」のことである（尾上2004：48）。

4）「統覚作用」を表すことと「陳述の義」を表すこととは、述体句においては、ほぼ同じであるが、喚体句においては異なる。山田の言う「陳述」とは述語を用いて述べ上げることであるから、少なくとも山田文法においては、述語を持たない（と山田が見る）喚体句に関して「陳述」という言葉が使われることはない（仁田［1977］、尾上［1981］を参照されたい）。ただし、山田とは異なる文法観・用語法に立って、喚体句に関しても「陳述」という言葉を使う論もある（時枝1941、渡辺1953、1971、芳賀1954、森重1965、等）。山田の「陳述」イメージについては本書第3章第6節を参照されたい。

5）山田（1908）は、喚体句に主語がないと見ることを次のように明言している。

　　主格といふことは述格に相対して始めて考へらるべきものにして思想の分解作用の結果なれば分解作用によらざる思想の句、即吾人の喚体句にありては主語といふべきものなきは当然の理なり。（p. 810）

したがって、山田の立場では、喚体句において主語と賓語の結合ということは（少なくとも形式の上では）あり得ない。

6）名詞（特に普通名詞）が属性の集合であることについては、野村（2004：95）、尾上（2006：12）を参照されたい。

7）山田は、活用形・複語尾について次のように述べている。

　　吾人が之を再度の語尾又は複語尾と称するは用言其の者の本源的語尾（竹林注：活用形のこと）ありてそれぞれ陳述の用をなせるに、なほ一層複雑なる意義をあらはさむが為に其本源的語尾に更に附属する一種の語尾なればかくの如く称したり。（山田1908：364）

現代語の活用形は、古代語の活用形と異なり、実現性のあり方を語り分けるもので
　はない（川端1997：527-531、竹林2004：67-68）。よって、現代語の助動詞を「複語
　尾」と呼ぶことは適切でないであろう（このことは竹林 ［2008：2］でも指摘した）。
8）「間接作用」とは、「～（ら）る」「～（さ）す」「～しむ」のように、「主者が直接に
　行ふものにあらざる」（山田1936：311）表現のことである。詳しくは山田（1908：
　367-388）、山田（1936：310-312）を参照されたい。
9）尾上（2010：26）は、希求文においては「モノか在り方か、必ずいずれか一方だけ
　が希求される」とし、「「花もが」のような希望喚体句について主述的な事態に対応して
　いると言うことは相当に無理があるように思われる」と述べている。この尾上
　（2010）の見方については、本書第9章第2節で検討する。
10）山田（1936）は喚体句と述体句との違いを次のように説明している。
　　　わが国語の句に於いては根本的に差別ある二種の発表形式の存することを認めざ
　　るべからずと信ず。その命題の形をとれる句は二元性を有するものにして理性的
　　の発表形式にして、主格と賓格との相対立するありて、述格がこれを統一する性
　　質のものにして、その意識の統一点は述格に寓せられてあるものなり。この故に
　　今之を述体の句と名づく。次にその主格述格の差別の立てられぬものは直観的の
　　発表形式にして一元性のものにして、呼格の語を中心とするものにして、その意
　　識の統一点はその呼格に寓せられてあるものにしてその形式は対象を喚びかくる
　　さまなるによりてこれを喚体の句と名づく。（pp. 935-936）
11）「秋風に……」の例では連体修飾部分が長いので、「主語」という用語は違和感を与
　えるかもしれない。所謂「主部」である。
12）よく知られているように、命令文の主語は通常、言語形式化されない。その理由は、
　命令文の主語が原則として二人称者に限られるからであると考えられる（山田1908：
　1248、竹林2008：15-19）。
　　　なお、尾上（2006、2010等）は、「希求は本質的に一項的である」（尾上2010：26）
　　──モノの希求か、在り方の希求か、いずれかである──という見方に立って、そも
　　そも命令文に主語はないとする。この論については、本書第9章第2節を参照されたい。
13）「おーい。」「はい。」「こんにちは。」のような呼びかけ・応答・挨拶の文においても、
　或ることの実現性のあり方が語られている（山田 ［1908、1936］は、「おーい。」や
　「はい。」を、「感応副詞」 ［［感動副詞］］が一語で文になったものとし、「こんにちは。」
　のような表現を「略体の句」としている）。
　　　「おーい。」（呼びかけ）：
　　呼びかけの対象たる二人称者が何か（例えば、発話者の存在）を認識すること（発

話時において不実現の事柄）の実現を希求する表現

「はい。」（応答）：
発話者が何か（例えば、自分の名前を呼ばれたこと）を認識したこと――何かを認識することの既実現性――を表明する表現

「こんにちは。」（挨拶）：
発話者が二人称者（挨拶の対象）の存在を認識したこと――二人称者の存在を認識することの既実現性――を表明する表現（「こんばんは。」や「おはよう。」との違いは、ここでは問題にしない）

14) 文において〈或ることの実現性のあり方〉をどのように語るかという、その語り方は、「承認」「疑問」「希求」という三種に大別されると考える（「不承認」は、「或ることが不実現だ」ということの承認である）。このことについては次章で詳しく論じたい。

第3章

承認、疑問、希求
——文を文たらしめるもの

1. はじめに——時枝誠記による山田文法批判

　山田孝雄は、「文の素たるもの」を「句」と呼び、「句が運用せられて一の体をなせるもの」が「文」であるとする（山田1908：1171-1174、山田1936：904）。「昨日は大雨だった。」のように一つの句から成る文が「単文」であり、「昨日は大雨だったが、今日は良い天気だ。」のように複数の句から成る文が「複文」である。

　時枝（1941）は、山田が「文」と「句」との根本的な相違点を明らかにしていないとして、山田文法を批判している（以下で見る山田文法批判は、既に時枝［1937：15-16］でなされている）注1。時枝（1941）は、

（イ）山に登る。

（ロ）<u>山に登る</u>は愉快なり。

という例について、（イ）が「文」たる「句」であるのに対して、（ロ）の下線部が「文」ならざる「句」であることを問題にする。いずれも、統覚作用によって成立している「句」であるのに、なぜ（イ）は「文」であり、（ロ）の下線部は「文」でないのか。山田文法では「文」と「句」との違いが説明されていない——「統覚作用」概念では「文」と「句」との違いが説明できない注2——という批判である。時枝（1941）は次のように言う。

　　我々の要求することは、（イ）に於ける「山に登る」と、（ロ）に於けるそれが、元素的に見て同一であることを知ることではなくして、最も肝要な

問題は、（イ）（ロ）の「山に登る」が、夫々本質的に如何なる点が相違してゐるかといふことでなければならない。(p. 341)

それでは、時枝（1941）は「何故に（イ）に於いては、「山に登る」といふ句が運用上文といはれるにも拘はらず、（ロ）に於いては、それが句であつて文とはいはれないかの根拠」(p. 341) について、どのように考えているのであろうか。

時枝（1941）の見方によれば、文としての「山に登る。」と文ならざる「山に登る（は愉快なり）」との根本的な相違点は、「完結せる陳述作用」(p. 356) の有無である。文たる「山に登る。」には「完結せる陳述作用」があるのに対して、文ならざる「山に登る（は愉快なり）」には「完結せる陳述作用」がない（「未完結な陳述」をなすのみである）。

それでは、陳述が完結しているか否かの内実は、どういうものなのか。「完結せる陳述作用」の具体的な中身は何なのか（どのような作用があれば陳述が完結するのか）。この肝心な点について時枝（1941）は説明を与えていない。

時枝（1941）が問題にした、「文」と「句」との根本的な相違の内実は、如何なるものであろうか。本章では、この問題について渡辺（1971）、尾上（2006、2010）の所説を見ながら考察する。

2. 渡辺 (1971) の所説

山田文法を意識しつつ時枝の文法学説の継承・発展を図った渡辺実は、その思索の集大成、渡辺（1971）において、話し手と何か（叙述内容、外界の対象や聞き手）との「関係構成」を「陳述」と呼び、この「陳述」こそが文を成立させると主張した[注3]。そして、「陳述」の中身（「内面的意義」「意義的実質」）は「断定」「疑問」「感動」「訴え」「呼びかけ」であるとする[注4]。

この渡辺説によれば、「文」と「句」との違いは話し手と何かとの関係構成の有無にあるということになる。文としての「山に登る。」には「断定」という「陳述」（話し手と、「山に登る」という叙述内容との関係構成）があるのに対して、文の一部たる「山に登る（は愉快なり）」には話し手と何かとの関係構成がない（体言相当の叙述内容を構成するのみ）ということである。

時枝（1941）は、文の一部たる「山に登る（は愉快なり）」に「未完結な陳述」があるとしたのであるが、渡辺（1971）の「陳述」規定のもとでは、この「山に登る（は愉快なり）」には「陳述」がないことになる。

　渡辺（1971）は、文成立（完結）の決め手たる「陳述」の中身（「内面的意義」）を「断定」「疑問」「感動」「訴え」「呼びかけ」であるとしたのだが、それでは、「陳述」の「内面的意義」にこれら五種があり、また、これら五種に限られるのは、どうしてか。この点に関わる渡辺（1971）の所説は以下のようなものである。

　まず、「断定」「疑問」「感動」は、「判定」の領域に属する。

　「断定」の内部において、「指定」（「あれは桜だ。」）→「推定」（「桜が咲くらしい。」）→「推測」（「何とかなるだろう。」）という、事実判定の確実・不確実の段階がある。「指定」は確実な事実判定を表し、「推定」「推測」の順に不確実性が増す。

　この「推測」という不確実性の高い事実判定から更に不確実さが濃厚になったのが終助詞「か」である。「か」は「表現主体の責任において事実判定を下し得ないという意味での疑念」を表し、「自ら判定の責を負わず、むしろ相手の判定に依存する」ことを本質とする（渡辺1971：142）。こうした「か」の意義のゆえに「か」は「疑問」を表すことが多い、とされる（「ああ、桜か。」のように「疑問」を表すのではない「か」もある）。

　「指定」「推定」「推測」のように表現主体自身が判定を下すのでもなく、「か」のように相手の判定に依存するのでもない言語形式が、「何とかなるさ！」のような「さ」である。「さ」は「判定の不問」（「感動」の一種）を表す（「判定の不問」とは、判定を棚上げにしたり、判定を問題にする必要がないとしたりすることである）。

　判定不問の「さ」に僅かに存した「判定とのつながり」が一段と弱まって消失したのが、「桜よ！咲け！」のような「訴え」である（「桜よ！」も「咲け！」も「訴え」）。

　「訴え」には「対象との（判定ぬきの）つながり」があるが、この「対象とのつながり」を失い、「話相手との直接的なつながり」のみを有するのが、「おーい！」のような「呼びかけ」である。「呼びかけ」は、〈「判定」（「指定」→「推定」→「推測」→「相手の判定への依存」→「判定不問」）→「訴え」→「呼びかけ」〉

という連続相の究極に位置する。なぜなら、「話相手とのつながりが消失すれば、それは対象とのつながりもなく話相手とのつながりもない叫び声の領域であろうし、それはもはや言語の領域ではない、と考えるのが一般だから」（渡辺1971：146）である。

渡辺（1971）は、〈「判定」→「訴え」→「呼びかけ」〉という連続相を言語の成立事情の反映として見る。

> 当初は一切未分化であった本能的な叫び声の中から、やがて我と汝、表現主体と話相手のつながりが生まれ、こうして話相手の把握において、表現者は表現主体としての主体性を確立し、ここに言語の領域が誕生する。そして話相手の把握を基盤として対象の把握の道がひらけ、対象の把握を基盤として対象に関する判定の領域が発展する。そして言語における最も高次の段階として、対象の分析と綜合、すなわち本書の展叙と統叙とによる叙述の領域が展開する。（pp. 149-150）

上のような言語の成立過程を逆方向に辿ったのが〈「判定」→「訴え」→「呼びかけ」〉という連続相だと考えられているのである。

このような渡辺（1971）の論には、疑問に思える点もある。例えば、上の引用箇所にあるように、渡辺（1971）は「話相手の把握を基盤として対象の把握の道がひらけ」と述べているが、「対象の把握」（例えば、桜の花についての把握）は「話相手の把握」を基盤とするものなのであろうか。「話相手の把握」がなくても「対象の把握」は可能なのではなかろうか。「話相手の把握を基盤として対象の把握の道がひらけ」というのが如何なる意味なのか、本書筆者には分かりにくい。

3.　文の語り方の三種

尾上（2006：9）、尾上（2010：9）は、「文表現というものは、どのようなものであれ、すべて、存在承認か希求である」と述べている。〈文の表す意味とは、詰めて言えば、「存在承認」「希求」の二種である〉という主張である。この尾上説は、「文」と「句」との違いは何かという問題意識のもとで立てられたも

のではないが、「文」と「句」との根本的な相違の内実を考える上で示唆に富む。

　前節で見たように、渡辺（1971）は、文を文たらしめる「陳述」（話し手と何かとの関係構成）の内面的意義として「断定」「疑問」「感動」「訴え」「呼びかけ」の五種を挙げる。渡辺（1971）の〈陳述の五種〉と尾上（2006、2010）の〈文的意味の二種〉の対応関係を表にまとめると、概略、次のようになる[注5]。

陳述の五種（渡辺）	文的意味の二種（尾上）
断定	存在承認
疑問	
感動	
訴え	希求
呼びかけ	

　「あれは桜だ。」（渡辺［1971］の「指定」）は「現実領域における存在承認」であり、「桜が咲くらしい。」（「推定」）や「何とかなるだろう。」（「推測」）は「非現実領域における存在承認」である[注6]。「あれは桜か？」（「疑問」）は、尾上説においては、存在承認を留保・放棄するものである（そういう仕方で存在承認に関わる）という意味で存在承認の一種とされている。「何とかなるさ！」（渡辺［1971］は「感動」の一種とする）や「桜！」（「感動」）も、「何とかなる」というコトや「桜」というモノの存在承認である。

　一方、「咲け！」「走れ！」のような命令形命令文（「訴え」）は、咲くこと・走ることを「希求」する表現であり、「おーい！」「お母さーん！」のような「呼びかけ」も希求表現にほかならない[注7]。

　このように見てくると、渡辺（1971）の〈陳述の五種〉は尾上（2006、2010）の〈文的意味の二種〉に収斂されると言えそうである。しかし、本当に、そう言ってよいだろうか。

　問題になるのは「疑問」の扱い方である。既に述べたように、尾上説では「疑問」を「存在承認」の一種であるとする。〈「疑問」は、存在承認を留保・

放棄するという仕方で存在承認に関わる〉という意味において「疑問」を「存在承認」のうちに入れるのである。しかし、「承認する」ということと「承認を留保・放棄する（承認してよいか分からない）」ということとは、性質が異なるであろう。渡辺（1971）が「疑問」を「断定」とともに「判定」領域のものとしているように、「疑問」が、「希求する」世界より「承認する」世界に近いと言うことはできようが、「承認する」ということと「承認してよいか分からない」ということとは、区別されるべき二種であろう。丹羽（2006）が「文は事柄の成立の承認を表す文、疑問を表す文、希求を表す文に大別される」（p.26）として「承認」と「疑問」とを分けているのは妥当であると考えられる。

　本書第２章で、「句」（「文」）の本質は〈或ることの実現性のあり方〉を語るところにあることを述べた。「句」（文ならざる句）であれ「文」であれ、〈或ることの実現性のあり方〉を語るという点では同じである。それでは、「句」と「文」との違いは何か。「山に登る（は愉快なり）」と「山に登る。」とでは、何が異なるのか。

　本書は、〈文を文たらしめるのは、言表者の「承認」[注8]「疑問」「希求」という三種の作用的意味である〉と考える。即ち、言表者が〈或ることの実現性のあり方〉をめぐって承認したり疑問したり希求したりすることによって（聞き手の側から言えば、これら三種のいずれかの意味が了解されることによって）文は文として成立するということである[注9]。本書では、「承認」「疑問」「希求」の三種を、文において〈或ることの実現性のあり方〉をどのように語るかという、その語り方——「文の語り方」と呼ぶ——の三種として見る。

　「山に登る。」は「承認」ないし「希求」の表現である。他人の行為を予測する「（あの人は、きっと）山に登る。」であれば「承認」、自分の決意を表す「（今年こそ）山に登る。」であれば「希求」である（尾上［2006、2012a 等］で述べられているように、「意志」は「希求」の一種と言える）。これに対して、文ならざる「山に登る（は愉快なり）」には「承認」の意味も「希求」の意味もない（無論、「疑問」の意味もない）。

　ここで次のような問いが生じ得るであろう。

　a.「あの人がエベレストに登ったことは多くの人が知っている。」のような

連体句に「承認」の意味はないのか。

b. 「花が美しく咲いている。」「美しい花が咲いている。」のような修飾語に「(花が) 美しい」と「承認」する働きはないのか。

c. 「太郎は来たけれど、花子は来なかった。」「太郎が来たから、花子は帰った。」「太郎も来たし、花子も来た。」の下線部に「承認」の意味はないのか。

d. 「誰が来るかは分からない。」の下線部は「疑問」を表していないのか。

e. 「読みたい本がある。」や「君に知ってほしいことは山ほどある。」の下線部は「希求」を表していないのか。

f. 文を文たらしめるものが「承認」「疑問」「希求」の三種であるのは、なぜか (なぜ、これら三種があるのか。また、なぜ、これら三種に限られるのか)。

以下では、これら a 〜 f について述べる。

4. 「承認」をめぐって

前節では、〈文と句との相違は、言表者による「承認」「疑問」「希求」の有無にある〉という見方を提示した。即ち、「承認」「疑問」「希求」という作用的意味は文のみにある (文たる句にはあるが、文ならざる句にはない)、という見方である。本節では、「あの人がエベレストに登ったことは多くの人が知っている。」「花が美しく咲いている。」「美しい花が咲いている。」「太郎は来たけれど、花子は来なかった。」のような文の下線部における「承認」の意味の有無について考察する。

4.1. 連体句に関して

「あの人がエベレストに登ったことは多くの人が知っている。」のような連体句には「承認」の意味がないのであろうか。

結論から言えば、このような連体句に「承認」の意味はないと考える。「あの人が (／あの人は) エベレストに登った。」という文には、「あの人がエベレストに登ったこと」を言表者が承認しているという意味がある。しかし、連体句「あの人がエベレストに登ったことは多くの人が知っている。」は、「あの人が

エベレストに登る」という出来事が既実現であること——対象化された既実現事態——を表すのみである。この連体句に後続する部分を変えて、「あの人がエベレストに登ったことは、私たちの調査によって否定されている。」のような表現にすると、連体句「あの人がエベレストに登った」に「承認」の意味がないことは明白である（この文において、言表者は「あの人がエベレストに登ったこと」を承認していない）。

4.2. 連用修飾・連体修飾に関して

　それでは、「花が美しく咲いている。」「美しい花が咲いている。」のような修飾語については、どうであろうか。これらの修飾語に「（花が）美しい」と承認する働きはないのか。

　「花が美しく咲いている。」「美しい花が咲いている。」と言うからには、言表者は「花」（或いは、花の咲き方）が「美しい」と承認しているはずである。しかし、これらの修飾語においては、その承認作用が「花」（或いは、花の咲き方）のありさまとして対象化されている。即ち、「花が美しく咲いている。」「美しい花が咲いている。」の下線部は「花」（或いは、花の咲き方）のありさまを表しているのであり、「承認」という意味は前面に出てこない。「花が美しく咲いていない。」「美しい花が咲いていない。」のような表現にすると、「美しく」「美しい」に「承認」の意味がないことは明らかである。

4.3. 従属句に関して

　では、「太郎は来たけれど（／来たが）、花子は来なかった。」「太郎が来たから、花子は帰った。」「太郎も来たし、花子も来た。」の下線部については、どうであろうか。これらの下線部には「承認」の意味がないのか。

　接続助詞「けれど（も）」「が」「から」「し」を句末に持つ従属句において、「従属句マイナス接続助詞」の部分（上に挙げた文例の下線部）の「文らしさの度合」が高いことは、よく知られている（南［1974：第4章］、尾上［1999c］等を参照されたい）。「太郎は来たけれど、花子は来なかった。」「太郎が来たから、花子は帰った。」「太郎も来たし、花子も来た。」の下線部について、〈それらは文相当であり、太郎が来たことへの「承認」が表されている〉と見ることも可能で

あろう。

　ただし、上のような従属句の下線部が本質的に「承認」の意味を表している
わけではないと考えられる。なぜなら、次のような文において下線部に「承
認」の意味は認められないからである。

- ・<u>太郎は来た</u>けれど花子は来なかった（／<u>太郎も来た</u>し花子も来た）、というの
  ならともかく、実際には二人とも来なかったんだよね。
- ・<u>太郎が来た</u>から花子は帰った、ということであれば、花子が太郎を嫌って
  いると言えるかもしれない。だけど、花子は太郎が来る前に帰ったんだよ。

　上の「〜というのならともかく」「〜ということであれば」の「〜」部分に
埋め込まれた句における下線部「太郎は（／も／が）来た」は、仮想の話（仮想
世界）における既実現性を表すのみである。「太郎が来たこと」を言表者が承
認しているわけではない。
　「<u>太郎は来た</u>けれど、花子は来なかった。」「<u>太郎が来た</u>から、花子は帰った。」
「<u>太郎も来た</u>し、花子も来た。」の下線部が「承認」の意味を表しているように
感じられるのは（下線部における「承認」の意味が保証されるのは）、後続の「花子は
来なかった」「花子は帰った」「花子も来た」で文が成立していることによる。
「〜たけれど」「〜たから」「〜たし」という従属句そのものが「承認」の意味
を表しているわけではない。

5.「疑問」「希求」をめぐって

　〈「承認」「疑問」「希求」という作用的意味は文にはあるが、文ならざる句に
はない〉という本章の見方からすると、「<u>誰が来るか</u>は分からない。」の下線部
は「疑問」を表していないことになるし、「<u>読みたい</u>本がある。」「<u>君に知って
ほしい</u>ことは山ほどある。」の下線部は「希求」を表していないことになる。
これらの下線部は「疑問」「希求」を表していないと言ってよいのか。
　まず、「<u>誰が来るか</u>は分からない。」の下線部は、「疑問」ではなく不明確性
（不明確な事柄）を表していると考えられる（尾上 [1983] を参照されたい）。「さあて、
今日の会には誰が来るか？」と自問したり「今日の会には誰が来ますか？」と

他者に問うたりするのとは違って、「誰が来るかは分からない。」の下線部には「疑問」という作用的意味はない。同下線部は、体言的に対象化された不定・不明確な事柄である。

　次に、「読みたい本がある。」「君に知ってほしいことは山ほどある。」の下線部は、希望という心内情態（何かを希望しているという心的情態にあること）を、連体修飾表現として対象化して表したものである。このように対象化されたものは、言表者の「希求」行為そのものではない。この意味において、「読みたい本がある。」「君に知ってほしいことは山ほどある。」の下線部は「希求」を表していないと言える。これら二つの文例の述語を変えて、「読みたい本がない。」「君に知ってほしいことはない。」のようにすると、連体修飾部分「読みたい」「君に知ってほしい」に「希求」という作用的意味がないことは明らかである。

6. 〈不十分な陳述〉とは——山田孝雄の「陳述」イメージ

　山田（1936）は「花の咲く樹」の下線部について、「厳密にいはゞ陳述をなすものにあらずして「花」といふ主格と「咲く」といふ賓位観念との結合せられてあるものを体言の限定語としてあらはせるに止まりて、未だ十分に陳述をなせりといふを得ず」（p. 691）と述べる。「陳述をなすものにあらず」とは言っても、少しは陳述がなされていると見ているので、「未だ十分に陳述をなせりといふを得ず」という表現になっている。

　それでは、上の連体句について、山田（1936）は何をもって陳述が多少なされていると考え、また、何をもって陳述が十分になされていないと考えたのであろうか。

　山田（1936）は「花の咲く樹」「人の住まぬ家」「花の咲くを見る。」「勢よく走る。」について、「とにかく主格と賓格とを対立結合せしむる作用は述格の力の多少行はれたる為にして述格の力全くなしといふにあらねど、十分の陳述をなせるものにあらねば述格は不十分の状態にあり」（p. 693）と言う[注10]。山田が「花の咲く樹」「人の住まぬ家」等について、多少は陳述がなされていると見たのは、「主格と賓格とを対立結合せしむる作用」が認められるからである。

　「主格と賓格とを対立結合せしむる作用」とは、本書第2章で述べた筆者（竹林）の「統覚作用」理解にそって言えば、主位観念における、賓位観念の実現

性のあり方を語ることである（〈主位観念における、賓位観念の実現性のあり方を語る〉ということは、〈主・賓から成る事柄の実現性のあり方を語る〉ということでもある）。例えば、「樹は、はたして、花の咲く樹と花の咲かない樹に分けられるのだろうか？」という文において、「花の咲く」「花の咲かない」は、主位観念（「花」）における、賓位観念（「咲く」）の実現（「花の咲く」）・不実現（「花の咲かない」）を表している。「花の咲いた樹を、しみじみと眺めた。」の下線部は、言うまでもなく既実現の表現である。

　では、「花の咲く樹」「人の住まぬ家」等について山田（1936）が「十分の陳述をなせるもの」ではないと見ているのは、なぜであろうか。

　本章で既に述べたように、文は〈或ることの実現性のあり方〉をめぐって言表者が承認したり疑問したり希求したりすることによって成立する。主・賓から成る事柄の（別の言い方をすれば、主位観念における、賓位観念の）実現性のあり方が文末の述語で語られるとき、実現性のあり方のみが語られるのではない。「承認」「疑問」「希求」のいずれかの語り方で語られるのである（山田［1936：969-971］は、述体句の下位類として「叙述体」［「叙述体」には「説明体」と「疑問体」がある］と「命令体」を挙げている。「説明体」「疑問体」「命令体」という分類は「賓格の内容を如何なる態度をとりて陳述せるか」［p. 970］に基づくものである注11）。「十分の陳述」をなすとは、実現性のあり方に加えて「承認」「疑問」「希求」のいずれかが表現されることであろう。しかるに、「花の咲く樹」「花の咲くを見る。」「勢よく走る。」等の下線部には、これら三種の作用的意味がない注12。よって、陳述が不十分だということになる。

　「花の咲く樹」「人の住まぬ家」等が不十分な陳述だとされている理由を考えることによって、山田の「陳述」イメージ——「陳述をなす」ということを山田がどう考えていたのか——が見えてくる。

7. 文成立の決め手が「承認」「疑問」「希求」である原理

　本章では、「文」と「句」との違いについて考察し、〈文を文たらしめるのは、言表者の「承認」「疑問」「希求」という三種の作用的意味である〉ということを述べた。「承認」「疑問」「希求」が文成立の決め手であることは、喚体の文や名詞一語文に関しても当てはまる。例えば、「妙なる笛の音よ。」のような感

動喚体の文や（犬の存在に驚いて発する）「犬！」のような名詞一語文は「承認」の表現であり、「老いず死なずの薬もが。」のような希望喚体の文や（水を欲して発する）「水！」のような名詞一語文は「希求」の表現である。

　それでは、文を文たらしめるもの（文成立の決め手）が「承認」「疑問」「希求」であるのは、どうしてか。文の語り方（〈或ることの実現性のあり方〉をどのように語るか）にこれらの三種があり、かつ、文の語り方がこれらの三種に限られるのは、なぜか。その理由は次のようなことであると考えられる。

　人間の精神は知性と情意から成っている。知性において大切なのは〈分かること〉（「承認」）である。よって、〈分からない物事を分かろうとすること〉（「疑問」）も重要になる。一方、情意において最も重要なのは〈欠乏を満たそうとすること〉（「希求」）であろう（先に述べたように「意志」は「希求」の一種である）。生存（生命維持）にとっては、〈物事を理解し、欠乏を満たすこと〉が必要である。認識不足（例えば、有毒なものを、それと知らずに食べること）も欠乏（例えば、飲食物がないこと）も生命を危険にさらすことになる。

　言語の最も基本的・根本的な単位である「文」[注13]が言表者の「承認」「疑問」「希求」によって成立するということは、上記のような人間の精神のあり方に根ざすものであろう（ナロック［2010：232］に引用されているハイゼ［Johann Christian August Heyse］の論を参照されたい）。

8.「文息」概念の提唱

　本書では、文を文たらしめる「承認」「疑問」「希求」という三種の作用的意味を「文息」と名づけたい。「文息」と呼ぶ理由は、おもに三つある。

　一つ目は、「承認」「疑問」「希求」が文を最終的に成立させるものだということである。聖書に、〈人は、創造者なる神によって土で形づくられ、最終的に命の息を吹き込まれて生命体となった〉と記されている（『創世記』2章7節）。「息」は人の命である。そのように、文も、主語・述語から成る事柄に「承認」「疑問」「希求」という「息」（言表者の作用・行為）が吹き込まれて成立する。「承認」「疑問」「希求」は、いわば〈文の命〉である。

　二つ目は、「承認」「疑問」「希求」によって文が完結する——文作りが終わる——ということである。「文息」の「息」は、「終息」の「息」——《終え

る》《終わる》の意の「息」――そく――でもある。

　「承認」「疑問」「希求」を「文息」と名づける理由の三つ目は、これら三種の作用的意味が形態に担われていないということである。息が（通常）目に見えないように、「承認」「疑問」「希求」も、或る形をとって（イントネーションのような音声形態も含め、何らかの形態によって）表される意味ではない。「承認」の代表のように見える「である」も、「疑問」の代表のように見える「誰」「何」や「～か」も、「希求」の代表のように見える命令形も、その形式自体が「承認」「疑問」「希求」を表しているのではないと考えられる（このことについては第5章・第9章で述べる）。また、疑問文では文末にしばしば上昇イントネーションが現れるが、「早く行ってよ↗」のように上昇イントネーションは疑問文でなくても現れる。上昇イントネーション自体が「疑問」を表すわけではない。

　「文息」という用語は、実用の面で言えば、「承認」「疑問」「希求」の三種を括る、叙述の便宜のためのものである。しかし、「文息」という名称は、「承認」「疑問」「希求」の共通性格――①文成立の最終的な決め手（いわば、文の命）であること、②文を完結させる（文作りを終息させる）ものであること、③形態に担われている意味ではないこと――を表すのに適した名であり、文論上の新概念となり得るのではないかと考える。

　日本語の文成立論の学史において、「文息」に近い用語として「陳述」がある。しかし、「陳述」の概念内容は論者によって様々であり、同一の論者でも、渡辺（1953）と渡辺（1971）のように「陳述」の概念内容が異なることもある（竹林2008：159、本書第8章第3節）。現在そして今後の文法研究において、「陳述」は、文成立論上の用語としては極めて使いにくいと言えよう。

　また、陳述論の延長上に仁田（1991）のモダリティ論がある。仁田（1991）の「モダリティ」概念は、文を文たらしめるもの――時枝（1941）以降の陳述論における「陳述」要素に相当するもの――として設定されていると考えられる。しかし、仁田（1997a）で「丁寧さ」――「話し手の聞き手に対する述べ方の丁寧度に関わる態度を表すもの」（仁田1991：193）――が「モダリティ」の一種（より正確に言えば、「発話・伝達のモダリティ」の下位類）とされたことにより、仁田の「モダリティ」概念・モダリティ論は変質したと言える（このことについては本書第7章で詳しく見る）。「丁寧さ」は、文を文たらしめるものではないからで

ある。

「モダリティ」という用語も、「陳述」という用語と同様に、論者によって概念内容が様々である（竹林2008：161-162）。例えば、仁田（1991）の言う「モダリティ」と尾上（2001）の言う「モダリティ」とでは、概念内容が大きく異なる。その異なり方は、「モダリティ」という同じ用語が、互いに全く別の意味で使われていると言ってよいほどの相違である（尾上2014g）。

日本語の文成立論における、本書筆者の「文息」論の学史的位置については第9章で述べる。

9. おわりに

本章では、〈山田文法は「文」と「句」との根本的な相違点を明らかにしていない〉という時枝（1941）の山田文法批判を承け、渡辺（1971）、尾上（2006、2010）の所説を検討しつつ、「文」と「句」との相違について考察した。本章の要点は次のとおりである。

① 文を文たらしめるのは、言表者の「承認」「疑問」「希求」という三種の作用的意味である。これらの作用的意味は文のみにある（文たる句にはあるが、文ならざる句にはない）。

② 「承認」「疑問」「希求」は、文において〈或ることの実現性のあり方〉をどのように語るかという「文の語り方」の三種である。

③ 文を文たらしめるものが「承認」「疑問」「希求」の三種であることは、人間の精神のあり方（人間の精神が知性と情意から成っており、知性においては「承認」「疑問」が、情意においては「希求」が重要である、ということ）に根ざしている。

また、本章では、「承認」「疑問」「希求」をまとめて「文息」と名づけた。「文息」は、文成立の決め手となる、いわば〈文の命の息〉であり、文を終息（完結）させるものであり、形のないもの（形態に担われない意味）である。

本章の論は、〈文表現は「存在承認」か「希求」である〉とする尾上（2006、2010）の主張に近い（ただし、尾上説は、「文」と「句」との違いは何かという問題意識

のもとで立てられたものではなく、〈「存在承認」「希求」の意味は文たる句にはあるが、文ならざる句にはない〉ということが述べられているわけでもない）。本章では、尾上が「存在承認」のうちに含めた「疑問」を別立てにし、「承認」「疑問」「希求」という三種の「文の語り方」——〈或ることの実現性のあり方〉をどのように語るかという、その語り方——が文を文たらしめるもの（文と句との本質的相違）だとした。

注

1）「文」と「句」との根本的な相違点を明らかにしていないということは山田文法そのものへの批判にならない、とする見方もある。川端（1976）は次のように述べている。
　　　文の性質を規定するものとして時枝誠記『日本文法　口語篇』（岩波書店、1950年）は、（1）具体的な思想の表現であること、（2）統一性があること、（3）完結性があることを挙げる（231-240頁）。連文節論（橋本進吉）・入子型構文論（時枝誠記）などの構文論はすべて、文構造を文の線条性において把えようとする立場である。それに対して山田文法のそれは、文の非線条的な全体構造に即した構造論であって、前者の立場からのこれへの批判——例えば「統覚」と「陳述」の概念規定が曖昧であるとか、「句」と「文」の区別が明瞭でないとかのそれは、この立場にとっては全く当らない。この立場にとって必要で十分な規定は語られているからである。（p. 213。傍点は原文のもの）
　　時枝の山田文法批判が正当な批判になっていないとしても、〈「文」と「句」との根本的な相違点は何か〉という問題は、考えてみる価値がある。

2）山田は、「文」について「統覚作用により統合せられたる思想が、言語といふ形式により表現せられたるものをいふ」（山田1936：902）と定義し、「句」についても「一の句とは統覚作用の一回の活動により組織せられたる思想の言語上の発表をいふ」（山田1936：917）と定義している。山田文法における「統覚作用」概念の本質については本書第2章で詳述した。

3）「陳述」は、文末（「桜の花が咲くね。」）のみならず、文頭（「ねえ、君、わかってもらえるかね。」）、文中（「そしたらね、一緒にね、……」）にも表れることがある。〈陳述は叙述を終始一貫して支えている〉というのが渡辺（1971）の見方である。この見方については本書第9章3.2節で検討する。

4）渡辺（1971）の「断定」は、「あれは桜だ。」のようなもの（渡辺［1971］が「指定」と呼ぶもの）だけでなく、「彼は来ない。」のように否定を表す場合や「桜が咲くらし

い。」「何とかなるだろう。」のように推定・推量を表す場合も含む。また、渡辺（1971）
は、命令文が表す〈聞き手への行為要求〉を「訴え」の一種とする。

5）ただし、渡辺（1971：146）が「呼びかけ」の一種とする「桜の花が咲く<u>ね</u>。」を、
尾上は文的意味としての「希求」とは見ない（尾上において「桜の花が咲くね。」は
「存在承認」の文である）というようなことはある。

6）尾上の言う「現実領域」「非現実領域」の概念内容については、本書第2章の注3を
参照されたい。

7）「呼びかけ」表現の意味は「存在希求」「招来欲求」「対象とのつながりの希求（関係
構成欲求）」「対象への働きかけの意志一般」といった幅を持つが、いずれも「希求」
であることに変わりはない（尾上［1975、2004、2006］を参照されたい）。

8）筆者の言う「承認」とは、或る事柄を肯定すること——或る事柄に対する、肯定判
断の付与——である。「私は、そう思わない。」のような否定文も、否定的事柄（この
例の場合、「私がそう思わない」ということ）を肯定する表現である。なお、筆者が
「存在承認」（尾上2006、2010）と言わずに、「承認」としているのは、不存在の承認も
あると考えるからである。この「不存在承認」については次章で述べる。

9）「私は、そう思わない。」のような「不承認」は、〈或ること（この例の場合、「私が
そう思う」ということ）が不実現〉と「承認」しているのである。また、「君、どこ
に行っていたの？」のようなＷＨ疑問文では、「君がどこかに行っていた」という既実
現の事柄に関して、その行き先が問われている。
　　「こんな悪いことをしていいの？」といった反語表現は、疑問文の形をとっているが、
意味的には「こんな悪いことをしてはいけない」という「承認」（そういう判断）を表
す。また、ドアを閉めずに入室してきた人をたしなめて、「ドア、開いていますよ。」
と言うような場合がある。ドアが開いていることを承認する（そのことを認定する）
形をとっているが、意味的には、ドアを閉めるように求める「希求」表現である。

10）この山田（1936）の見方に対して、三宅（1937）は「「花咲く樹」又は「花の咲く
樹」においては、山田博士の主格（主位観念）と賓位観念とが対立結合してゐないの
ではないか、そこには未だ曾て陳述の力が行はれてゐないのではないか、と疑ふので
ある」（p.77。傍点は原文のもの）と述べている。

11）「叙述体」は「説話者が、その観念内容をば自身の思考として表明したるに止まる態
度のもの」（p.969）であり、「命令体」は「説話者が、ある者に対してその賓格の観念
の実現を要求する態度を以て陳述したるもの」（p.969）である。「叙述体」の下位類た
る「説明体」「疑問体」については、「思考そのものとして単純に発表したるもの（竹
林注：説明体）と、ある思考に対して疑惑的地位にあるを示し、その解決を得むと望

める一種の要求的態度に基づく発表（竹林注：疑問体）」（p. 971）との別であるとされている。

12)「花の咲くを見る。」「勢よく走る。」の下線部は、「花が咲いていること」「勢いがよいこと」に対する「承認」を表しているように見えるかもしれない。そのように見えるのは、下線部の後続部分（「～を見る」「走る」）の影響である。後続部分を「花の咲くを未だ見ず。」「勢よく走らなかった。」のように変えてみれば、「花の咲く」「勢よく」自体が「承認」の意味を有しているのでないことは明らかである。

13) 文（センテンス）が言語の最も基本的・根本的な単位であるということについては、川端（1982）、竹林（2004：29-31）を参照されたい。

第 4 章

文的意味としての「承認」の二種

1. はじめに

　前章では、〈文を文たらしめるのは、言表者の「承認」「疑問」「希求」という三種の作用的意味——「文息」——である〉とした。言表者が何事か（詳しく言えば、或ることの実現性のあり方）をめぐって承認したり疑問したり希求したりすることによって（聞き手の側から言えば、これら三種のいずれかの意味が了解されることによって）文は文として成立する、ということである。

　本章では、尾上圭介の文法論について検討しながら、文を文たらしめる意味としての「承認」——文的意味としての「承認」——に大きく二種類のものがあることを述べる。

2. 名詞一語文における「承認」

　尾上（2012a）は、「人がことば（概念）を使ってものを言うということは、大きく言ってしまえば、何かの〈存在承認〉か〈希求〉しかあり得ない注1。在るものを在ると言うか、無いものを求めるかである」（p. 13）とし、「「すいか！」という名詞一語が、表現の現場において「すいかが在る」という存在承認か「すいかが欲しい」という希求の表現として生きるというのはこのことにほかならない注2」（p. 13）とする。

　しかし、「承認」には、在るものを在ると言う〈存在承認〉のほかに、無いもの（無いこと）を無いと言う〈不存在承認〉もあるのではなかろうか。鞄の中にあったはずの財布がないことに驚いて発する名詞一語文「財布！」が、その例である。この「財布！」は《財布がない》の意である。

　もちろん、財布を求めて「財布！」と言う場合（希求の一語文）もある。しか

し、希求していなくても、財布がないことに驚いて「財布！」と言うことがあるのではないか、ということである。この場合、財布は、希求文「財布！」の場合と同様に〈無いもの〉である。そして、希求文「財布！」が財布を求める表現であるのに対して、財布がないこと（財布の不存在）を表す。財布の不存在を認識・表現しているのであるから、〈不存在承認〉と呼んでよいであろう。「在るものを在ると言う」存在承認の一語文（すいかを見ての発話「すいか！」）と対照的に、無いものを無いと言う不存在承認の一語文があると考えられる。

　尾上（2012b）は、〈一語文であること（名詞一語で表現されること）が原理的に必要な名詞一語文は、存在承認の一語文と存在希求の一語文である〉とした上で、このことは「話者が現実の言語場の中で表現・伝達の手段として一語文を用いている場合（表現世界の一語文）」（p.74）の話であるとし、次のように述べている。

> 旅先で飼い猫のタマに似た形の雲を見上げて思わず「タマ」とつぶやくような場合の一語文、持っていたはずの傘が今手もとにないことに気づいて「あっ、かさ」と独り言が口から出るような場合の「一語文」は、表現のための言語としてのあり方ではなく、認識のための言語としてのあり方である。認識世界の一語文と呼ぶことができよう。（p.74）

　《財布がない》意を表す、不存在承認の一語文「財布！」は、独り言として発せられる場合もあり得るが、傍にいる人（例えば、自分の連れ）に向かって言う「表現世界の一語文」として十分に成り立つ。〈《財布がない》意の「財布！」は「認識世界の一語文」であり、「表現世界の一語文」ではない〉と言うことはできないであろう。

3. 原理的名詞一語文と不存在承認

　前節でも述べたように、尾上は、名詞一語で表現されることが原理的に必要な名詞一語文は存在承認の一語文と存在希求の一語文であるとしている。足元にゴキブリがいるのを見て「ゴキブリ！」と叫ぶような一語文（存在承認）と、水を欲して「水！」と叫ぶような一語文（存在希求）が、原理的名詞一語文

——名詞一語であることを原理的に必要とする文——であるとしているのである。

　これらの原理的名詞一語文に対して、例えば、「あの山、何山？」という問いに「筑波山。」と答えるような名詞一語文は、「主述的に展開した形式をもつ文の中の一構成要素あるいは一面がそれのみで独立の一文となっているもので、言ってしまえばもともとの文の切れっぱしに過ぎず、名詞一語であることが本質的に必要な発話ではない」(尾上1998b：905)とされる。問いに対する答えの一語文「筑波山。」の例で言えば、この一語文は、「あの山は筑波山（だよ）。」という文の中の一構成要素である「筑波山」が独立して一文となったものであり、名詞一語で表現されなければならない必然性はない、ということである。名詞一語で表現せずに、「あの山は筑波山（だよ）。」と言ってもかまわないが、「筑波山。」とだけ言えば事足りるので一語文になっているにすぎない、という見方であろう。

　問いに対する答えとしての「筑波山。」も、意味的には《あの山は筑波山としてある》という存在承認なのであるが、尾上の言う原理的名詞一語文たる存在承認一語文は、単に存在承認を表す一語文のことではない。「ゴキブリ！」のように、遭遇の驚きを、話者の心を占領している遭遇対象の名を叫ぶことによって表現するのが、原理的名詞一語文としての存在承認一語文である。また、切なる希求感情を、「水！」のように話者の心を占領している希求対象の名を叫ぶことによって表現するのが、原理的名詞一語文たる存在希求一語文である。

　尾上（1998b）は次のように述べている。

　　対象の名を呼ぶことによってのみ果たされる表現とは、言ってしまえばイマ・ココの圧倒的な存在の承認である。話し手の心を覆いつくすその存在が実の存在であれば〈存在承認〉一語文となり、虚の存在であれば〈存在希求〉一語文となるのであった。(p. 906)

　しかし、原理的名詞一語文は、存在承認一語文と存在希求一語文に限られるのであろうか。「虚の存在」が話者の心を占領するのは希求の場合のみなのであろうか。

前節で見た不存在承認の名詞一語文（例えば、鞄の中にあったはずの財布がないことに驚いて発する「財布！」）は、イマ・ココにないもの——「虚の存在」——が、その不存在に対する驚きのゆえに急激に話者の心を覆った、その心的経験を言葉にしたものである。話者の心を占領しているモノの名を叫ぶ以外に表現のしようがない（そういう事情で名詞一語の文となっている）という点で、「財布！」のような不存在承認一語文は、「ゴキブリ！」のような存在承認一語文、「水！」のような存在希求一語文と同様である。よって、こうした不存在承認一語文もまた、原理的名詞一語文——名詞一語であることを原理的に必要とする文——であると言うことができよう。

　無論、（集合場所で）「誰か、まだ来ていない人は？」という発話に対して、周囲を見回して「鈴木君。」と答えるような場合、この一語文は（鈴木君の不存在を承認する文ではあるが）原理的名詞一語文ではない。前掲の、「あの山、何山？」という問いへの答え「筑波山。」が、存在承認の文ではあっても原理的名詞一語文ではないのと同様である。

4.　動詞文における「承認」

　尾上（2012a）は、動詞述語に関して、「（甲）既に在るものを在ると言う（そうなっているものをそうなっていると言う）」「（乙）今のところそうなってはいないことがいつかどこかで在る（生ずる）と言う」「（丙）今のところ起こっていない運動をひき起こそうと求める」の三種に分ける（p. 13）。甲は、現代語で言えばシタ形・シテイル形によって表される「（過去や現在を含む）最広義完了の世界」——「現実領域（事実界既実現領域）の存在承認」——であり、乙は、シヨウ形や「ようだ」「らしい」等によって表される「推量の世界」——「未実現の事態の存在承認」——、丙はシヨウ形や命令形によって表される「希求・要求の世界」[注3]である（p. 13）。

　それでは、「私は、そう思わない。」や古代語「花、咲かず。」のような文については、どう考えればよいのであろうか。

　尾上（2001：第3章第5節）は、現代語の「ない」（シナイ形）を「た」「ている」や「ようだ」「そうだ」とともに「現実事態承認」の形式とし[注4]、古代語の「ず」（セズ形）を「む」「まし」とともに「非現実事態仮構」（「設想」）の形式と

している^{注5}。

　また、尾上（2014e）では次のように述べられている。

　　現代語の「咲かない」、古代語の「咲かず」は、「咲く」という反現実（実
　　際には起こっていない）の事態を観念次元に仮構する形にほかならず、否定
　　という意味は反現実（非現実の一種）事態というこの形式で構成された内容
　　を現実との対応において読み直したところに生ずるものに過ぎない。（上
　　代語のズ、ヌには否定の意味を表さない用法もある^{注6}。）（p. 285）

　この記述からすると、尾上（2014e）は、現代語「ない」（シナイ形）を古代語
「ず」（セズ形）と同様に非現実事態仮構の形式――「「存在承認」か「存在希求」
かを自身では決めないで、ただ非現実の事態をことばで組み立てるだけの形」
（尾上2014e：285）――と見ているようである。
　古代語「む」「まし」、現代語「（よ）う」が連用形を有していない（即ち、「む」
「まし」「（よ）う」の連用形はない）のに対して、「ず」「ない」は連用形を有し、情
態修飾に働くこと（また、上代語には「ずき」「ずけり」「ずけむ」があったこと）を考
えると、「ず」「ない」を「む」「まし」「（よ）う」とともに非現実事態仮構（設
想）の形式とする見方には問題があろう（このことに関しては、竹林［2004：79-81］、
竹林［2008：85-87］を参照されたい）。
　また、仮に、「ず」「ない」が本質的に非現実事態仮構の形式であるとしても、
「ず」「ない」によって結果的に表される「否定」の意味について考える必要は
ある。「否定」は、先に見た、動詞述語の三つの世界（甲「最広義完了の世界」、乙
「推量の世界」、丙「希求・要求の世界」）のうち、いずれに属するのであろうか。
　「私は、そう思わない。」「花、咲かず。」は、〈私がそう思うこと〉〈花が咲く
こと〉――いずれも非現実事態――の不存在を承認している文である^{注7}。〈私
がそう思うこと〉〈花が咲くこと〉の不存在を承認するということは、〈私がそ
う思わないこと〉〈花が咲かないこと〉――いずれも現実事態――の存在を承
認することでもある。そうだとすれば、「ず」「ない」が表す「否定」の意味を
「現実領域（事実界既実現領域）の存在承認」（甲）の一種と見ることもできな
くはないであろう（ただし、「承認」は「ず」「ない」自体の持つ意味ではないと考えられる

［本書第5章、第9章］）。

　しかし、名詞一語文において〈無いものを無いと言う〉不存在承認があることを指摘した本書としては、動詞文においても〈無いことを無いと言う〉不存在承認があることを重く見て、「私は、そう思わない。」や「花、咲かず。」を第一義的には、存在承認ではなく不存在承認の文であるとしておきたい[注8]。この見方は、山田（1908）が「ず」について、「其の事実状態の非現実なることを断定するなり」（p. 459）と述べているのと軌を一にする。古代語「ず」が、不実現事態の表現形式である未然形から分出される[注9]ことを考えても、「ず」「ない」が表す「否定」の意味を第一義的に「現実領域（事実界既実現領域）の存在承認」（「最広義完了の世界」に属するもの）と見ることは躊躇される。

　名詞一語文・動詞文のほかにも、「そんなことはない。」「いいえ。」等が不存在承認の文として挙げられる。

　なお、「花、咲かざりき。」「花が咲かなかった。」「彼は明日の会に来ないだろう。」のような文は、「ず」「ない」が使われていても存在承認の文である。「花、咲かざりき。」「花が咲かなかった。」は、〈花が咲かないこと〉の既実現性（花が咲かないということが既存在の事柄であること）を「き」（シキ形）・「た」（シタ形）で積極的に語っており、尾上（2012a）の言う「現実領域（事実界既実現領域）の存在承認」（「最広義完了」）の文である。また、「彼は明日の会に来ないだろう。」は、〈彼が明日の会に来ないこと〉――このことは、発話時において未実現の事柄。〈彼が明日の会に来る〉可能性もある――が未来（この文の場合、発話の翌日）に実現すると考えられる、ということを語っており、尾上（2012a）の言う「未実現の事態の存在承認」（「推量」）の文である。これら三つの文（「花、咲かざりき。」「花が咲かなかった。」「彼は明日の会に来ないだろう。」）において、「ず」「ない」の表す意味は、存在が承認される事柄内容の中に対象化されている。

5. おわりに

　本章では、文を文たらしめる意味として前章で挙げた「承認」「疑問」「希求」のうち、「承認」について考察し、尾上圭介の言う存在承認のほかに、〈無いもの（無いこと）を無いと言う〉不存在承認があることを述べた。

　この章は、前章の論の一部を深めるためのものであるが、尾上の文法論に貢

献できればという思いも込めている。尾上の文法学説は、言語や文の本質に迫る、きわめて魅力的な学説であるが、不存在承認が死角になっているのではなかろうか。本章の論は、そのことの指摘のためのものでもある。

注

1）尾上の文法論（尾上2006、2010、2014f 等）において、「疑問」は〈存在承認〉の内に入れられている。その理由は、「疑問」が、存在承認を留保・放棄するという仕方で存在承認に関わる、というところにある。これに対して、本書第3章では、「承認する」ということと「承認を留保・放棄する（承認してよいか分からない）」ということとは性質が異なると見て、「承認」と「疑問」とを別立てにした。

2）名詞一語であることが本質的に（原理的に）必要な一語文は存在承認の一語文と存在希求の一語文である、というのが尾上の見方である。この見方については次節でも紹介・検討するが、名詞一語文をめぐる尾上説の詳細は尾上（1998b、2010、2014a）を参照されたい。

3）尾上（2012a）は、希求系のショウについて、「意志」（含：「勧誘」）、「命令」（「下郎め、下がりおろう！」）の用法を「希求」として一括している。「意志」も「命令」も「未実現の行動を（自分自身において、あるいは相手に対して）希求するもの」（p. 5）だからである。

また、尾上（2012a）は命令形について、「正しくは述定形式とは言えない」（p. 14）としている。「命令形は希求対象（在り方）を求めて叫ぶものであって、在り方を述べるものではない。命令形命令文は、動詞を本来の意味で述語として用いている文ではない」（尾上2010：10）というのが尾上の見方である（命令形については次章5.4節を参照されたい）。

4）「た」「ている」は「［確言的承認＝最広義完了］の述定形式」、「ようだ」「そうだ」「ない」は「［特殊な承認］の述定形式」とされている（p. 460）。「特殊な承認」とはどういうことなのかは、説明されていない。ただし、尾上（2001：第3章第4節）には「非確言的承認＝特殊な承認」（p. 441）とある。「ようだ」「そうだ」が非確言的承認の形式だというのは分かるが、尾上（2001：第3章第4節、第5節）が「ない」を「特殊な承認」としているのは、「ない」を非確言的承認の形式と見てのことなのであろうか（もし、そうであるなら、どのような意味で「ない」が非確言的承認を表すのか、本書筆者にはよく分からない）。

5）「非現実事態仮構」（「設想」）とは「話者の現実世界に存在していない事態（話者の

立っている現実世界で話者が経験的に把握していない事態）を頭の中で一つの画面として思い描く」（尾上2001：481）ということである（「設想」は、もともと山田［1908］の用語）。なお、尾上（2010）は、「かつて現代語ショウ形、古代語セム形の叙法的性格を「非現実事態仮構」と呼び、シナイ形、セズ形の性格も同じ枠内に位置づけた」（p. 18）とし、その注に「尾上（2001）第3章第3、第4節など」（p. 28）と記しているが、尾上（2001）においてシナイ形が非現実事態仮構の形式とされている箇所は見当たらない（セズ形は、尾上［2001：第3章第4節、第5節］で非現実事態仮構の形式とされている）。

6）尾上（2010）は、この例として希求表現「雨も降らぬか」の「ぬ」を挙げ、「「雨降る」という非現実事態を「降ラズ」という叙法形式（反現実の「降る」という内容を言語的に仮構する形式）によって構成しておいて、それに希求の助詞「カ」をつけたものであろう」（p. 28）と述べている。ただ、「雨も降らぬか」のような「ぬ」について、「ず」の連体形ではなく、希求の終助詞「な」の母音交替形であると見る説もある（黒田［2017］を参照されたい）。

7）本書第2章において、「「不承認」は、「或ることが不実現だ」ということの承認である」とした。また、第3章でも、「「私は、そう思わない。」のような「不承認」は、〈或ること（この例の場合、「私がそう思う」ということ）が不実現だ〉と「承認」しているのである」と述べている。「不存在」と「不実現」とは、表面上は異なる用語であるが、言わんとしていることは同じである。本章で「不存在」という用語を使ったのは、尾上の「存在承認」に合わせてのことである。

8）文的意味の表現における、名詞一語文と動詞文との関係のあり方については、尾上（2010）を参照されたい。

9）古代語の未然形が或る事柄の不実現を語る形式であることや、話を古代語に限定して、現代語「ない」が未然形接続であることに言及しなかった理由については、竹林（2008：3-8、83-84）や本書第2章第3節を参照されたい。なお、「分出」は山田文法の用語である。

第5章

文・主語・述語をめぐる尾上説

1. はじめに——尾上圭介の文法学説

　尾上圭介の文法論が正面から取り上げられて本格的に検討されることは、ほとんどない。その理由は、一つには、尾上の論が従来の日本語文法研究の主流を成すものではないからであろう。また、深みのある学説なので、難解な論として敬遠されていることもあろう。

　しかし、尾上の文法学説（以下、尾上文法とも言う）は、言語・文法の本質を問う者にとっては、きわめて魅力的である。

　現在の日本語文法理論の多くは、山田文法の延長上にあるものか、時枝文法の延長上にあるものだが、尾上文法は前者である。本書第2章で見たように、尾上は、山田文法の鍵概念たる「統覚作用」を「存在そのこと」を表すものとして継承し、「存在」をキーワードとする文法論を展開している（「存在そのこと」の概念内容については本章の第4節でも見る）。

　統覚作用について「存在そのこと」を表すものとする見方は、山田文法の直接的な継承ではないと考えられるが（本書第2章）、山田文法の直接的な継承でないとしても、尾上文法は尾上文法として大きな意義を有する。その意義は、次に挙げるような、文法の根源的な諸問題を深く問い、周到に考え抜かれた、説得力のある説明を与えているということである（尾上文法で考察対象とされている問題は、下記のものだけではない）。

・概念（或いは、概念の結合体）を発話することが、どのようにして文的意味[注1]を表現することになるか。
・述語を持つ文（述定文）と持たない文（非述定文）があるのはなぜか。

・述定文に主語と述語があるのはなぜか。

・述語にテンス・モダリティがあるのはなぜか。

本章では、これらの諸問題についての尾上説を検討する。

2. 存在承認と存在希求

「存在」をキーワードとする尾上文法は、〈本質的に文は存在を語るものである〉という文観を持つ。この「存在」は、大きく「存在承認」と「存在希求」（尾上は単に「希求」とも言う）に分かれる。「文表現というものは、どのようなものであれ、すべて、存在承認か希求である」（尾上2006：9、尾上2010：9）というのが尾上文法の核心にある見方である。

疑問文は、存在承認を留保・放棄する文であるという意味において存在承認を表す（存在承認に関わる）、と尾上は言う。

では、文表現が存在承認・存在希求のいずれかであるのは、なぜか。その理由は、「言語の言語たるゆえんは概念を用いて意味を表現するところにある」（尾上2006：8）ということに求められる。

例えば、「犬」という名詞概念を使って意味を表現する場合、その名詞概念の指示対象（『犬』）の存在に関する何事かが表現される。人間は事物の存在に囲まれて生きているので、概念を用いて表現される意味内容は、概念の指示対象の存在に関する何事かなのである。

その「何事か」とは、大きく、存在する「犬」を存在すると言う（存在承認）か、「犬」が存在しないことを敢えて言うかである。「犬」が存在しないことを敢えて言うのはどういう場合かというと、「犬」の存在を希求している場合である、と尾上は見る。したがって、「音や色彩によってでなく、概念を使って意味を語ろうとする以上、概念の指示対象の存在承認（モノの存在承認、従って結果として「モノがそのように在る」というコトの存在承認）と希求（モノの希求あるいは在り方の希求）から離れることはできない」（尾上2010：9）ということになる。

尾上は、文表現が存在承認と存在希求の二種に限られる理由を上のように考える。これが、概念（或いは、概念の結合体）を発話することが文的意味（存在承認か存在希求）を表現することになる原理についての尾上説である。

ただ、不存在を敢えて語るのは、希求する場合に限られるであろうか。例えば、財布を取り出そうとして鞄を探り、財布がないことを知って「財布！」と言う場合、単に《財布がない》ことを（驚きをもって）表す「不存在承認」——不存在の承認——であると見られないだろうか。財布を求めて「財布！」と言う場合もあるが、希求表現としてではなく、《財布がない》という意味で「財布！」と言うこともあると考えられる（このことについては本書第4章で述べた）。何か（上の場合、財布）の不存在が当人にとって意味あること（例えば、財布がないと困るといったこと）であるがゆえに、当該事物の不存在そのことを敢えて表現するのである。

　また、尾上文法において疑問文は、存在承認を留保・放棄する文であるという意味で存在承認を表す（存在承認に関わる）、とされている。しかし、「承認する」ということと、「承認を留保・放棄する（承認してよいか分からない）」ということとでは、いずれも「承認」に関わるとは言え、性質がかなり異なるのではなかろうか。尾上（2014f）が疑問文の文的意味を「〈存在承認〉の特殊タイプ」（p. 552）としているのも、「承認する」ことと「承認を留保・放棄する」こととの間に性質の違いが認められるからである。本書第3章では、この違いを重く見て、「承認」と「疑問」とを別立てにした。

3. 述定文・非述定文と主語・述語
3.1. 文的意味を表現する二つの方法

　文には、述語を用いて文的意味を表すもの（述定文）と、述語を使わずに文的意味を表すもの（非述定文）がある（ただし、非述定文にも意味上の述語があると本書は考える）。これら二種類の文があるのは、どうしてか。尾上（2006、2010）によれば、その理由は、概念を使って文的意味を表現する仕方に以下の二種類があるからである。

　概念を用いて文的意味を表す方法の一つは、「存在」を「存在物」と「存在の仕方」（「在り方」）の二面に引き剥がして並べるということである。この方法で文的意味を表現するのが述定文（平叙文、疑問文）である。述定文において、「存在」の一面たる「存在物」を表すのが主語であり、「存在」のもう一面たる「存在の仕方」（存在様態＋存在そのこと）を表すのが述語である。したがって、

述定文には原理的に主語と述語があることになる。

　概念を用いて文的意味を表現する、もう一つの方法は、遭遇対象・希求対象を言語化する（言語的に指示する）ということである（「対象」といってもモノに限られない。在り方の場合もある）。

　遭遇対象・希求対象を言葉にすることで文的意味が表現されるのは、話し手と他者との間に「共同注意」（注意の共有）が成立するからである（「共同注意」については、本多［2003］、宇野・池上［2003］を参照されたい）。対象（例えば肉）を言語化して（「肉」という言葉にして）相手に示す。すると相手も、その指示対象に意識を向け、同一対象への注意が共有される。このとき、その相手が話し手の言わんとすることを想像すると、《指示対象が存在する》という存在承認の意味か、《指示対象を求めている》という存在希求の意味かで了解される、と尾上は見る。

　こういう仕方で文的意味を表すのが非述定文（感嘆文、希求・命令文）である。「ねずみ！」という感嘆文は「ねずみ」の存在承認であり、「水！」「走れ。」という希求・命令文（命令文は希求文の一種）は、「水」というモノ、「走る」という在り方（運動）の存在希求である。

　尾上文法では、非述定文は本質的に主語・述語を持たない文（少なくとも、主述二項分節的に語られることのない文）である。

> 文が本質的な意味で主語と述語の二項から成るというのは、平叙文と疑問文、すなわち述定文の世界でのみ言えることであると言わねばならない。それはコトバの形が意味を担うその担い方が述定文（述体）と非述定文（喚体）とで大きく異質であるということ[注2]の一つの表れにほかならない。（尾上2006：11）

　尾上によれば、文に述定文（述語を持つ文）と非述定文（述語を持たない文）があるのは、本節で見たように、概念を用いて文的意味を表現する方法に二つの種類——①「存在」を「存在物」と「存在の仕方」とに引き剝がして並べるという方法、②遭遇対象・希求対象を言語的に指示するという方法——があるからである。

3. 2.　疑問文について

　尾上の見方では、一つの存在を「存在物」と「存在の仕方」とに引き剥がして並べる、という方法で文的意味（存在承認か存在希求）を表現するのが述定文である。しかし、疑問文は、一つの存在を「存在物」と「存在の仕方」とに剥離して並べるものだと言い切れるのであろうか。

　存在を承認する場合（例えば、目の前に寝ている猫を認識したとき）には、尾上（2006、2010）が言うように、「存在物」（「猫」）の側で存在を承認することもできるし、「存在の仕方」（「寝てる」）の側で存在を承認することもできる。即ち、「猫。」（或いは「猫！」）とも言い得るし、「寝てる。」とも言い得る（勿論、「猫、寝てる。」と言うこともできる）。

　一方、疑問文においては、場合によって、「猫？」と言うか（寝ているのが猫であるかを疑問するというような場合）、「寝てる？」と言うか（猫が何をしているかを問題にしている場合）であり、どちらで言ってもよいということはない。「猫、寝てる？」は、通常は後者の場合の発話である。

　尾上文法では、「猫、寝てる？」という疑問文について、「存在物」（「猫」）と「存在の仕方」（「寝てる」）を並置して結合を承認してよいか判断留保（ないし判断放棄）しているものだと見るのであろう（尾上［2006］には「疑問文は主語と述語の結合の成立すなわちモノの在り方の承認ないしコトの成立への承認を留保するもの」［p. 10］であると述べられている）。しかし、並置して結合を承認してよいか否か分からない二つのもの（或る「存在物」と、或る「存在の仕方」）が<u>一つの存在から剥離されたもの</u>だと言えるのか、疑問である。

3. 3.　日本語の主語の規定について

　尾上（2004）は日本語の主語について、

①　意味役割の次元（「動作主」「属性の持ち主」であるといったこと）
②　表現・伝達の心理的中心項（題目語）であるということ
③　統語上の観点（語順の上で特別な位置にあったり、動詞支配をしたりすること）

のいずれによっても規定できないとする。そして、日本語においては「ガ格に

立つ項（ガ格項・主格項）が主語である」（p. 8）とし、「多様なガ格項の共通性とは、一言で言えば、事態認識の中核項目ということであろう」（p. 9）と述べる。

尾上の言う「ガ格に立つ項」とは、「富士山は美しい。」「彼だけ来た。」のように係助詞や副助詞が現れたり、「財布φ落ちましたよ。」（φ＝無助詞）のように無助詞であったりしても、「その名詞項と述語との意味関係を大きく変えないで格助詞で言うとすればガが用いられる項」（尾上2004：8）のことである。

先に見たように、尾上によれば、述定文は一つの存在を「存在物」と「存在の仕方」の二面に剝離して並べるものであるがゆえに、必ず主語（存在物を表すもの）と述語（存在の仕方を表すもの）を持つのであった。そうであるならば、日本語の主語を「が」格項目に限定しないほうがよいのではないか。日本語の主語を「が」格項目に限定すると、「殿下には、式後直ちにご帰京になった。」（三上1970：165）、「私から彼に日程を伝えておきます。」のような、「が」格項目を持たない平叙文には主語がないことになってしまう。

日本語の主語の典型は「が」格項目であろうが、述定文が原理的に主語・述語を持つと考えるのであれば、「が」格に立たない主語も認めるほうがよい（「殿下には、式後直ちにご帰京になった。」「私から彼に日程を伝えておきます。」という文において、各々「殿下」「私」が主語［ないし主語相当］であると考えられることについては、本書第1章第3節で述べた）。「が」格項目の共通性が「事態認識の中核項目」であることだとしても（本書筆者も、そうだと考えるが）、「事態認識の中核項目」が「が」格項目に限られる保証はない。述定文には原理的に主語・述語があるという見方を維持しようとするなら、「ガ格に立つ項が主語である」という、形態上の観点からの主語規定は放棄しなければならないであろう（筆者の主語規定［「主部」規定］は、竹林［2004：48］、竹林［2008：37］や次章第5節に記した。また、尾上の主語論については次章でも言及する）。

3. 4. 感嘆文について

尾上文法には、「（ああ）雪が降る！」「（わっ）ネズミが笑う！」のような眼前描写の感嘆文をどう扱うかという問題もある。尾上は、こうした動詞終止形（非テイル形）の感嘆文を非述定文、ないし〈述定文と非述定文の両面性を有する文〉だとする[注3]。

尾上（2006）は次のように述べている。

存在を主語と述語に分けないで、すなわち述定文を使わないで存在を承認するということは、実は「在り方」の名前（＝動詞）を使う側でもありうる。まだ笑わないと思っていた赤ちゃんが笑うのを発見して喜びとともに発話する動詞一語文「（あ、）笑う！」は、動詞概念の素材的表示形である終止形（だからこそ辞書の動詞項目表示にも使われる）が用いられていることに見えるとおり、「存在様態」の類別名称でその存在を語っているのであり、それは「存在するもの」の名称で存在を語る名詞一語文と同様に、非述定文であると見なすべきものである（尾上（1977）［竹林注：本書「引用文献」の1977b］、同（1986））。すなわち、この場合の「笑う」は述語ではない。ただし、「笑っている！」という文は、「―ている」という積極的な叙法形式をとっており、積極的に述定する（存在を話し手のイマ・ココとの関係において位置づける）形をとっているので、述語と見なすべきものである。表面上は動詞一語しかなくても、これは述定文の一角、述語としての一語であって、動作の類別名称としての動詞終止形が対象存在の反射的受理に使われている非述定文としての「笑う！」とは厳に区別されるべきである。（p.9。下線、竹林）

「（あ、）笑う！」の「笑う」が述語でないとしたら、「（ああ）雪が降る！」「（わっ）ネズミが笑う！」の「降る」「笑う」も真正の述語ではないと見るのだろうか。おそらく、〈述語であると言えば言えるが、まっとうな述語ではない〉と見るのであろう。だからこそ、尾上は「雪が降る！」「ネズミが笑う！」のような文を述定文とせずに、非述定文と言ったり〈述定文と非述定文の両面性を有する文〉と言ったりしているのだと考えられる。

　それでは、「雪が降る！」「ネズミが笑う！」の「雪（が）」「ネズミ（が）」は真正の主語なのか。「ガ格に立つ項が主語である」という尾上説からすれば、「雪（が）」「ネズミ（が）」は、まぎれもなく主語である。〈主語は正真正銘の主語であるが、述語は真正の述語ではない〉という文があってよいのか。そのような文は、先に3.1節で見た、尾上の説く〈主語・述語の発生原理〉からして

存在し得るのであろうか。

　それとも、尾上は、「雪が降る！」「ネズミが笑う！」の「降る」「笑う」を
れっきとした述語と見て、これらの文は主語・述語の二項から成る、いわば
〈述定文的感嘆文〉だとするのであろうか。ただ、「雪が降る！」「ネズミが笑
う！」の「降る」「笑う」をれっきとした述語だと見ると、動詞一語文「（あ、）
笑う！」の「笑う」も述語だとしなければならないのではないか。尾上が
「（あ、）笑う！」の「笑う」を述語でないとするのは、先の引用箇所で述べら
れているように、「笑う！」という文が「動詞概念の素材的表示形である終止
形」によって「「存在様態」の類別名称でその存在を語っている」と見るから
であるが、動詞の終止形（非テイル形）を用いて存在を承認するという点では、
「笑う！」と「雪が降る！」「ネズミが笑う！」との間に径庭はない。

　そもそも、感嘆文は、主述二項で語られてはならないものなのか。「「白い
雪！」という驚嘆表現と「雪が白いなあ！」という詠嘆表現とでは、そしてま
た、同じく眼前の描写の表現とは言え、「鳥が飛ぶ。」と指さすように言う場合
と「鳥が飛んでいる。」と客観的に語る場合とでは、ほぼ同じような意味を結
果的に表すことになるとしても、その形でそれを表現するときの手応えのよう
なものが異なるという感覚をなんとか論理化しよう」（尾上2001：13）という意
図は理解できるが、〈感嘆文は非述定文であり、非述定文は本質的に主語・述
語を持たない文である〉とすると、「雪が降る！」「ネズミが笑う！」といった
文表現をめぐって上記のような問題が生じる。

　尾上（1998b）には、「形容詞による文「あつい！」や「空が青い！」は、『述
体』（竹林注：述定文のこと）の側に位置づけるのがよいと現在では考えている」
（p. 907）とある。「あつい！」「空が青い！」が感嘆文であるなら、述定文に属
する感嘆文もあることになる[注4]。「雪が降る！」「ネズミが笑う！」も述定文だ
と考えてはいけないのか。

　尾上が動詞一語文「（あ、）笑う！」を非述定文とし、「雪が降る！」「ネズミ
が笑う！」を非述定文、ないし〈述定文と非述定文の両面性を有する文〉だと
するのは、動詞終止形（「笑う」「降る」）を「動詞概念の素材的表示形」「存在
様態」の類別名称（尾上2006：9、尾上2010：10）だと見るからである。動詞終止
形についての、このような見方は、橋本（1953）や渡辺（1971）でもとられてい

るが、この見方に問題があるものと考えられる（竹林［2004：第Ⅰ部第3章］では、橋本［1953］・渡辺［1971］の問題点を指摘した上で、動詞終止形について異なる見方を提示している）[注5]。動詞終止形を「動詞概念の素材的表示形」「「存在様態」の類別名称」と見ることをやめれば、「（あ、）笑う！」や「雪が降る！」「ネズミが笑う！」の動詞は述語であり、これらの文は述定文であると、堂々と言えるようになる。

4. 述語をめぐって

　述語にテンス・モダリティというカテゴリーがある[注6]のは、なぜか。尾上は、その理由を、述語が「存在の仕方」（存在様態＋存在そのこと）を語るものであるということから説明する。「存在の仕方」（「在り方」）とは、ごく簡略に言えば、《（存在物が）或るありさまをもって存在する》ということである（尾上の用語法において、「ありさま」と「存在様態」とは同じものであるが、「ありさま」と「在り方」とは異なる。「ありさま＋存在そのこと」が「在り方」と呼ばれている）。《現実領域に存在する》と語るのがテンスであり、《非現実領域に存在する》と語るのがモダリティである[注7]（尾上2001：第3章、尾上2014e）。明快な説明だと言えよう。

　ただ、このように「どの領域に存在するか」ということを述語が表すのであれば、尾上（2006、2010）のように〈存在の仕方＝存在様態＋存在そのこと〉とするのみでよいのであろうか。述語で語られる「存在の仕方」とは、詳しく言えば、《（存在物が）或るありさまをもって現実領域ないし非現実領域に存在することを承認ないし希求する》ということである[注8]。「どの領域に存在するか」ということ、存在の承認か希求かということまで含めて「存在そのこと」と言うのは、用語上、無理があるのではないか。

　また、言表者の行為（「承認」「希求」）を含むものを「存在の仕方」（「在り方」）と呼ぶことにも違和感をおぼえる。「存在の仕方」（「在り方」）が「承認」「希求」を含むのであれば、「走れ。」や「さっさと歩く！」といった文について尾上（2006、2010、2014b）が「在り方の希求」（尾上［2014b］では「存在の仕方の希求」とも）と言うのは、厳密には意味をなさなくなる。「在り方の希求」「存在の仕方の希求」と言うとき、「在り方」「存在の仕方」に「希求」は含まれていないはずである。

「存在そのこと」にせよ、「存在の仕方」「在り方」にせよ、尾上文法における重要語であるから、用語法に無理や不統一がないのが望ましい。

　本書では述語を、或るありさま（山田文法の「賓位観念」、尾上文法の「存在様態」）の実現性のあり方[注9]を語るものとして見る。即ち、〈ありさま＋実現性のあり方〉を表すのが述語だという見方であり、文を文たらしめる「文息」（第3章）——「承認」「疑問」「希求」という作用的意味（言表者による言語的行為）——は本質的に述語の外にあると考える（この点で、述定文において「承認（含：疑問）」「希求」を述語の内に入れる尾上文法と異なる）。「文息」が述語の外にあることは、連体句内・従属句内の述語が「承認」「疑問」「希求」の意味を持たない（第3章）ことに端的に見てとれる。文は主語・述語に「承認」「疑問」「希求」のいずれかが加わることによって成立する、というのが本書の見解である[注10]。

5. 「文息」の所在

　本節では、「承認」「疑問」「希求」が述語の形式自体によって表される意味ではないことを、「〜む」「〜（よ）う」「〜だろう」「〜た」、不定詞、「〜か」、命令形を例として、やや詳しく見ることにする。

5.1. 「〜む」「〜（よ）う」

　「花咲かむ。」「そういうこともあろう。」という文では、「〜む」「〜う」が「推量」を表しているかに見える（尾上［2006、2012a等］が言うように、「推量」は「承認」の一種である）。また、「我、行かむ。」「明日からは、しっかり勉強しよう。」（意志）という文では、「〜む」「〜よう」が「意志」を表しているかに見える（尾上［2006、2012a等］が言うように、「意志」は「希求」の一種である）。

　しかし本書筆者は、「〜む」「〜（よ）う」という形式そのものが「推量」「意志」を表しているのではないと考える。「〜む」「〜（よ）う」は本質的に、非現実のことを思い描く「設想」（山田1908）、「非現実事態仮構」（尾上2001：第3章、2012a等）の形式であると考えられる。

　この「設想」形式（「非現実事態仮構」の形式）が「推量」「意志」を表すのは、尾上（2001：第3章、2012a等）が論じているように、名詞一語文が「承認」「希求」を表すのと通ずるところがある（ただし、以下で述べることは尾上の論の再説で

はない）。

　《犬がいる》という意味の「犬！」、《水が欲しい》という意味の「水！」は、言うまでもなく、「犬」「水」という名詞自体が「承認」「希求」の意味を表しているのではない。「承認」「希求」の意味は「犬」「水」という名詞の外から言表者によって与えられ、聞き手によって了解されるものである。

　「〜む」「〜（よ）う」も、これらの形式自体が「承認」「希求」の意味を表しているのではない。「設想」表現に言表者の「承認」作用が加わったときに（聞き手の側から言えば、言表者が非現実事態を承認しているのだと受け取るときに）「推量」の意味となり、「設想」表現に言表者の「希求」作用が加わったときに（聞き手の側から言えば、言表者が非現実事態を希求しているのだと受け取るときに）希求系の意味（「意志」「命令」等）になると考えられる。

　尾上（1999b）は次のように述べている。

　　ある現場で「水」という名詞一語を発したとき、その一語が特別な文脈に頼ることなく意味を持った発話として現場に存在し得るあり方は、「水」がいまここにあるという存在承認か、いまここで「水」を求めるという希求か、その二つしかあり得ない。それとちょうど並行的に、非現実の一つの事態の絵が、承認を与えられることなく（それが仮構、設想ということの意味である）ただ裸で放り出されて発話の現場に意味を持って存在し得る二つの可能性は、その事態の存在の主張（非現実の事態ゆえ存在の想像となる）か、その事態の（広義）希求かしかあり得ないのである。すなわち、"主観的"と言われる推量や意志という意味は「ム」や「（ヨ）ウ」がそれ自身の内にあらかじめ具有していた意味ではなく、設想（＝非現実事態仮構）という述定形式でまとめ上げられた文が、その文の発話の現場内でのあり方によって結果的に身に帯びる意味なのであった。（p. 102。傍点は原文のもの）

　「〜む」「〜（よ）う」という、それ自体は承認も希求も表していない形式でまとめられた「非現実の一つの事態の絵」が言語場に放り出されると、結果として推量や意志の意味になる、というのが尾上（1999b）の論である。

　しかし、「非現実の一つの事態の絵が、承認を与えられることなくただ裸で

放り出されて」と言っても、言表者は頭に思い描いた非現実事態をただ言語場に放り出しているのではなく、その事態を承認ないし希求して言語場に出している、と見るべきであろう。

　名詞一語文も、言表者は遭遇対象（例えば犬）の存在を承認して「犬！」と言い、希求対象（例えば水）の存在を希求して「水！」と言うのであって、言表者が承認も希求もせずに発した名詞一語が結果的に承認か希求の意味になる（そのいずれかの意味で了解される）ということではない。

　「〜む」「〜（よ）う」に関しても名詞一語文と同様である。言表者が承認ないし希求の意をこめて発した「〜む」「〜（よ）う」を、聞き手もそれとして受け取るのだと考えるほうが自然であろう（希求の意で発せられた「〜む」を、聞き手が承認［推量］の意で受け取る、というような誤解はあり得るが）。

　尾上（2012a）でも次のように述べられている。

　　　非現実事態仮構の叙法形式であるショウ形が主文末に用いられると、今のところ起こっていない事態や行為を、「いつかどこかで在る」と〈存在承認〉の方向で言語化したり（推量するという話者の行為）、「実現させたい」と〈希求〉の方向で言語化したりする（意志するという話者の行為）ことになるが、それはあくまでその発話現場で話者が「ものを言う」ことによって生産される意味であって、話者の発話行為以前に道具としての単語列にあらかじめ備わっている意味ではない。(p. 10。傍点は原文のもの)

　「今のところ起こっていない事態や行為を、「いつかどこかで在る」と〈存在承認〉の方向で言語化したり（推量するという話者の行為）、「実現させたい」と〈希求〉の方向で言語化したりする（意志するという話者の行為）」ということは、「非現実の一つの事態の絵」を「ただ裸で放り出」すのではない、ということである。

5.2.「〜だろう」

　「だろう」は、「明日は晴れるだろう。」のような文では「推量」を表しているかに見える。しかし、「明日は晴れるだろうか。」の「だろう」は、「承認」

の一種たる「推量」を表しているとは言えないであろう。明日の天気が晴れであるということについて「承認」しつつ「疑問」することはあり得ない。尾上（2012a）が「推量というのは「確かには言えないがこう思う」という意味であり、疑問というのは「判断できない」という意味であるので、意味としての推量と意味としての疑問とが一つの述語の中に共存することは原理的に不可能である」（p. 11）と書いているとおりである。

　尾上（2012a）は、「～だろうか」の「だろう」について、「「分からない」ことの印」（p. 12）であるとしている。「明日は晴れるだろう。」の「だろう」も、本質的には、「（明確には）分からない」ことを表す形式であろう注11。「だろう」が「推量」表現になるのは、「（明確には）分からない」ことを表す形式に言表者の「承認」作用が加わるからであると了解される。この「承認」作用の付加によって、《はっきりとは分からないが、～と判断される》という意味になるのである（「だろう」という形式自体が「承認」を含むのでないことは、石神［1993］でも述べられている）。

5.3.「～た」、不定詞、「～か」

　「花が咲いた。」「君、誰？」「一緒に来るか？」といった文において、「～た」は「承認」を、「誰」「～か」は「疑問」を表してはいないのか。筆者は、これらの「～た」「誰」「～か」に関しても、その形式自体が「承認」「疑問」を表しているのではないと考える。

　「～た」は既定・既存を表す形式であり（竹林2004：94-98、竹林2008：90-92）、「誰」「～か」は不定を表す形式である（尾上1983、野村2004）。

　「～た」「誰」「～か」という形式そのものが「承認」「疑問」を表すのでないことは、「誰が来たかは分からない。」という文の下線部を見れば分かる。この下線部の「誰」「～た」「～か」は言表者の「疑問」「承認」を表してはいない（このことは第3章でも述べた）。

　「花が咲いた。」が「承認」の表現であり、「君、誰？」「一緒に来るか？」が「疑問」の表現であるのは、「～た」「誰」「～か」が予め「承認」「疑問」の意味を担っているからではなく、言表者によって「承認」「疑問」の意味が付与されるからである。

5.4. 命令形

　では、「行け。」のような命令形はどうか。命令形を述語と見ない立場（尾上2004、2006、2010等）もあるが、述語と見るか否かはともかく、命令形表現における「希求」の意味は命令形そのものが担っているものなのか。

　筆者は、命令形に関しても、この形自体が本来的に「希求」の意味を有しているとは考えない。

　川端（1979：第2部第4章第2節）、尾上（2004、2010）等が述べているように、命令形は連用形（名詞形）に「よ」（ないし、その異形態）が付いたものであると見られる（「連用形＋a」を基本に据えて命令形の成立を考える大野［1953、1955等］の説については、川端［同上］に問題点の指摘がある）。命令形は、動詞で表される動作や変化の名を叫ぶことを本質とする形式であろう。尾上（2004、2010等）が論じているとおり、モノ（名詞）の側で「水（よ）！」のように叫ぶことと、ありさま（動詞）の側で「行け。」のように叫ぶこととは、並行的な関係にあると了解される。

　命令形は希求表現となることが多い。しかし、命令形に希求を表さない用法があることは夙に指摘されている（草野1901：110-111、254[注12]。山田1908：1062-1069、1073-1074、1243-1244、1254-1257。命令形の意味・用法の多様性については北﨑［2016］を参照されたい）。

　「結果がどうあれ、気にすることはない。」「彼の態度に問題があったにせよ（／しろ）、あんな怒り方をするのは大人げないよ。」のような用法が希求を表さないことは見えやすい。

　文末の命令形に関しても、例えば「嘘をつけ。」「馬鹿を言え。」「（そこまで言うなら）勝手にしろ。」「（何をしても無駄なら）もう、どうにでもなれ。」は、嘘をつくこと、馬鹿を言うこと、勝手にすること、どうにでもなることを求めているのか。「嘘をつけ。」「馬鹿を言え。」は、〈相手（二人称者）が嘘をついている／馬鹿を言っている〉と言表者が認識していることを表す「承認」表現ではないだろうか。また、「勝手にしろ。」「もう、どうにでもなれ。」は、各々、勝手にすることを容認する文、どうなっても構わないとする文であり、やはり「承認」表現なのではなかろうか。「早くしろ。」「早く行け。」が自然な文であるのに対して、「早く勝手にしろ。」「もう、早くどうにでもなれ。」が不自然に感じ

られるのは、「勝手にしろ。」「もう、どうにでもなれ。」が「希求」表現でないことの、一つの証左であると言えないだろうか[注13]。

　仮に「嘘をつけ。」「馬鹿を言え。」「勝手にしろ。」「もう、どうにでもなれ。」のような文が「承認」表現でないとしても、「連用形（名詞形）＋よ（ないし、その異形態）」という命令形の形式そのものが「希求」の意味を具有しているのでないことは、「～よ」の形式が「希求」表現のみならず、「妙なる笛の音よ。」のように「承認」（「感嘆」は「承認」の一種）の表現にも用いられることから明らかであろう。

　命令形は、その外から言表者の「希求」作用が加えられることによって希求表現になる——この点で「静かにする！」「どいた！どいた！」のような希求表現と本質的には同じである——と考えられる。

6. おわりに

　以上、本章では、文の本質・成立や主語・述語をめぐる尾上の文法学説を検討した。

　尾上説には、次のような点において問題があると考えられるのであった。

① 　文的意味を「存在承認」と「存在希求」の二種に限っている点
② 　平叙文と同様に、疑問文についても、一つの存在を「存在物」と「存在の仕方」とに剥離して並べるものであるとしている点
③ 　日本語の主語を「が」格項目に限定している点
④ 　「（ああ）雪が降る！」のような眼前描写の感嘆文（非テイル形の感嘆文）を、非述定文、ないし〈述定文と非述定文の両面性を有する文〉だとしている点
⑤ 　述語は「存在の仕方」（存在様態＋存在そのこと）を語るものであるとし、存在物が「どの領域に存在するか」ということ、存在の承認か希求かということまで含めて「存在そのこと」と言っている点
⑥ 　言表者の行為（「承認」「希求」）を含むものを「存在の仕方」（「在り方」）と呼んでいる点

また、尾上文法では、述定文において「存在承認」「存在希求」の意味は基本的には述語の一角で表される[注14]と考えられている。これに対して本章では、それらの意味は本質的に述語の外のものであることを述べた。

　文法研究のみならず、一般に、研究の発展のためには先行学説（特に、有力な学説）についての理解・検討が不可欠である。本章で尾上文法について正面からの検討を試みたことは、文法研究にとって意味のあることだと考える。

　尾上の文法論は、本章で指摘したような疑問点・問題点があるとは言え、言語の本質、文法の根源に鋭く迫る、きわめて魅力的な論である。私たちは、尾上の論をどのように継承すればよいか、しっかりと考える必要があろう。本章が、その継承の仕方を考える際の一助となれば幸いである。筆者も、本章での検討をもとに、尾上文法の継承の仕方をさらに考えていきたい。

注

1）文的意味とは、「推量」「疑問」「希求」等、文が表す意味のことである。文的意味は、詰めて言えば存在承認か存在希求である、と尾上は見る。

2）「コトバの形が意味を担うその担い方が述定文（述体）と非述定文（喚体）とで大きく異質であるということ」について、尾上（1998b：889-890）は、語られた事態（言葉）の中に話し手の把握が塗りこめられている（したがって、言語的に自立している）のが述定文であり、語られたものやことと話し手との関係が言葉の形になっていない（したがって、発話の場から離れては意味を伝えられない）のが非述定文であるとしている。

　　ただし、「花、咲かむ。」「いざ、行かむ。」「そういうこともあろう。」「明日からは早起きをしよう。」のような「〜む。」「〜（よ）う。」の文について、尾上文法では、〈述定文ではあるものの、「コトバの形が意味を担うその担い方」が普通の述定文とは異質である〉とされている（尾上2001：14-16、359-360、尾上2012a、尾上2012b、等）。「む」「（よ）う」をめぐっては本章5.1節でも述べる。

3）尾上（1998b）は、このタイプの感嘆文を非述定文の側に位置づけているが、尾上（2010）では、「主語と述語で構成されているとおり、一面で述体句（述定文）であると言わねばならないが、他方では事態概念の素材的表示形（コトの名札）によってその指示された事態の個的な存在を目の前に承認するという意味で感動喚体句（非述定文）としての性質を備えて」（p.11）いるという理由で、述定文と非述定文の両面性を

有する文であるとされている。

4）ただし、尾上（2005）は次のように述べている。

感嘆文と呼びうるものの中には平叙文との間に線を引きにくい「空が青い（な
あ）！」「（なんと）空が青いこと！」というようなものもあり、それらはたしか
に主述二項に分かれてしかも述語で述べているとも言えるが、助詞に「は」でな
く「が」を使っていることにも見えるとおり、また文末に「こと」という名詞が
現れる場合があることにも見えるとおり、遭遇対象事態をあくまでも一体的なコ
トとして語ろうとする姿勢が維持されているのであり、感動喚体句の延長上にあ
ると言うことができる。古代語の連体形終止感嘆文を山田孝雄氏は「擬喚述法」
と呼んで（『日本文法論』1287ページ以下）喚体句と述体句の両面性をもつものと
位置づけたが、現代語の右のような感嘆文的な文はこの擬喚述法に相当するもの
だと見るのが妥当である。（p. 51）

「空が青い（なあ）！」「（なんと）空が青いこと！」は述定文と非述定文の両面性を
有する文である、という見方である。なお、山田（1908）は擬喚述法について、「か
る述法に立てるものは其の余韻によりて述体ながらも喚体の性質を帯びたるなり」（p.
1288）としている。山田（1908）において擬喚述法は「喚体の性質を帯びたる」述体
であるが、擬喚述法は本質的に喚体であると見る論者もいる（野村［2002］を参照さ
れたい）。

5）動詞終止形（ないし、複語尾・助動詞を伴わない動詞基本形）については、竹林
（2004：第Ⅰ部第3章）のほか、大木（2009、2015a）や仁科（2014）を参照されたい。

6）ただし尾上は、日本語に「形態論的範疇としてのテンス」はないと考えている（尾
上2001：第3章）。また、尾上の言う「モダリティ」とは、非現実領域にある事態を語
るための専用の文法形式（モダリティ形式）によって文にもたらされる意味のことで
ある（尾上2001：第3章、尾上2014g：627）。「非現実領域」の概念内容については本
章の注7を参照されたい。

7）「現実領域」とは「話者がそこに立ってものを言っているこの世においてすでに起こ
ってしまった領域、既実現の領域」であり、「非現実領域」とは「①この世で未実現の
領域、②推理・推論、仮定世界など観念上の領域、③この世で既実現ではあるが話者
の経験的把握を超えた「よくわからない」領域、の三者」のことである（尾上2004：
48）。また、尾上文法では、《非現実領域に存在する》と語るのがモダリティだとして
いるが、古代語「む」・現代語「（よ）う」の「意志」用法のように、「非現実の存在を
語ることの一つの場合としてその非現実事態の実現を構想するという場合」（尾上
2004：49）もある。「意志」は存在希求の一種とされている。

8）尾上（2014e）に「〔存在の仕方〕を語る述語は〈存在様態〉の側面と〈存在そのこ
と〉の側面から成るが、その〈存在そのこと〉の側面とは、第一に存在領域の別（現
実領域か非現実領域かという区別）であり、第二に「存在を承認する」のか「存在を
希求する」のかという区別である」（p.285）と述べられている。

9）「実現性のあり方」とは、〈実現しない〉〈実現していない〉〈実現した〉〈実現してい
る〉〈実現する〉といったことである（竹林2004、2008、本書第2章）。

10）このことについては、本書第2章・第3章・第9章を参照されたい。述体であれ喚
体であれ、全ての文は意味上、主語・述語（竹林［2004、2008］の用語では「主部」
「述部」）を有すると考える点で、本書の見方は森重（1959、1965）や川端（1966、
1976、2004）の論と共通する。

11）大木（2012）は「だろう」を「不確実の助動詞」と名づけている。なお、言表者に
とっては分かっていることであっても、「だろう」が用いられる場合がある。「ほら、
あそこに人が二人いるだろう。」のような文が、その例である。こうした文では、聞き
手との間で認識が共有されているか不明なために「だろう」が使われているものと考
えられる。

12）ただし、草野（1901）は命令形という用語を使っておらず、已然形とともに「第五
階」「第五活用」として括っている。

13）「（そこまで言うなら）勝手にしろ。」「（何をしても無駄なら）もう、どうにでもな
れ。」のような用法については、草野（1901：110-111、254）、山田（1908：1069、
1255）等も、「笑はば笑へ。」「降らば降れ、つもらばつもれ。」のような例を挙げて、
「放任」「許容」を表すものであるとし、希求——命令、或いは狭義「希求」——でな
い用法と見ている。

14）「基本的には述語の一角で表される」と書いたのは、5.1節で見たように、「〜む。」
「〜（よ）う。」の文における「存在承認」「存在希求」の意味は「む」「（よ）う」が予
め有している意味ではない、と考えられているからである。

第6章

主語・題目語をめぐる三上説

1. はじめに

　日本語論において、〈日本語に主語はない。日本語で注目すべきは題述関係である〉という三上章の主張は、あまりにもよく知られている。しかし、管見では、主語・題目語（主題）をめぐる三上説の変遷を詳細に跡づけた研究は見あたらない。

　三上の主語・題目語論の変遷を丁寧に見ることは、日本語学史の理解を深めるのみならず、主語・題目語・文・助詞・述語等についての考察にも益すると考えられる。

　そこで本章では、三上が、最初の論文「語法研究への一提試」（1942年）から30年間、主語・題目語をめぐってどのように論を展開したのかを詳しく見る。そして、三上説を承けて考えるべき三つのこと——①「Xは」と「Xが」の異次元性と交渉、②「主語」の概念規定、③主語論の方法——について述べる。

2. 主語・題目語をめぐる三上説の変遷
2.1. 三上（1942a）の論

　三上（1942a）は「主語抹殺論」を唱えている。三上（1942a）が主語を抹殺しようとしたのは、なぜか。その理由には、「消極的理由」と「積極的理由」がある。

　「消極的理由」は、日本語の所謂「主語」（「が」格項目）が動詞支配をせず、語順の上で特別な位置に立つこともない、ということである。

　　　センテンス中に現れる体言をどうして主語と補語との二階級に峻別するか。

ヨオロッパ語の建前では動詞の活用語尾に干渉する体言と干渉しない体言との区別である。近代英語や漢文では用言の前に来る体言と後に来る体言との区別である。然るに我が国語では活用にも語順にもかういふ遮断が求められない。第1条、主語は述語に先立つ、第2条、補語は動詞に先立つ、と書分けてあつても、実は一括して体言が用言に先立つといふに過ぎない。これが「何々ガ」を主語と見做し難い消極的理由である。(p.6)

　ただし、三上（1942a）は、語順に関して「主格の相対的上位」（「が」格項目が文頭に立つ傾向が強いこと）を認めている[注1]。
　三上（1942a）が主語を「抹殺」しようとした「積極的理由」は、「が」格項目が、語順上は用言に先立つが、心理上は用言の観念を後から補うものだということである。この意味で、三上（1942a）は「が」格項目を「主格補語」と呼ぶ。

　　主語否認[注2]の積極的理由は、心理的順序として「何々ガ」は用言に対し実際に後から補ひ加へるものだからである。私がヤツタといふのを正直に英訳すれば It's me (or I) that did it. とでもしなくてはなるまいが、このやうに英文でさへ「私」を補語の位置に持つて来ることを見れば思ひ半ばを過ぎよう。(p.7)

　この観点から、例えば「源太が平次に本を貸した。」という文における「が」格項目は、「に」格項目・「を」格項目とともに、用言を補う語――補語――であるとされる。ただし、「主格が動作のイニシアチヴを取る」(p.7) ことから、「が」格項目が「首席補語」だと述べられている。
　三上（1942a）は、日本語文法から主語を抹殺したいとする一方で、「提示語」という用語を残すとしている。提示語とは、山田（1908、1936）等でも使われている用語であり、おおよそ、「果物は冷蔵庫に入れた。」のような題目語（主題）のことである[注3]。三上（1942a）は、提示語について、「不定法外に立ち陳述作用に関係を持つ」(p.8) ものとしている。主格補語が述語一項構造（用言語幹を中心とする「不定法部分」）の内部要素であるのに対して、提示語は述語一項構造

の外にある、という見方である。

2.2. 三上 (1953) の論

　三上 (1953) は、三上 (1942a) で主語抹殺の「消極的理由」とされていたものを根拠にして、主語という用語を廃止すべきだとしている (三上 [1942a] における主語抹殺の「積極的理由」が消えたのは、三上が「主語」を topic の意味で了解しなくなったからであると考えられる。このことについては、三上 [1970：70-71] を参照されたい)。

　三上 (1953) は、主語とは「主格が或る特別なはたらきをする国語において、その主格に認められる資格」(p. 73) であり、「日本語においては主格に何ら特別なはたらきが見られない」(p. 74) とする。〈述語と対立・呼応するものこそが主語なのだから、述語一項構造の内部要素である主格を主語と呼ぶべきではない〉というのが三上 (1953) の論である。

　三上 (1953) は、主語抹殺論を展開する一方で、「主題」について「日本文法では初から重要な役割をする文法概念である」(p. 88) としている。その理由は、「は」という「主題を提示することを本領とする」(p. 88) 助詞があるということである。

2.3. 三上 (1959) の論

　三上 (1959) は次のように述べている。

　　日本文法の構文論はまことに幼稚である。幼稚の原因は一つではないが、中で最も大きい原因は、土台がゆがんだままなことである。土台、すなわち構文論のイの一条に「文は主語と述語から成る」という虚構が据えてあることである。(p. 5)

　三上 (1959) は、主述関係は「西洋文法には必要な観念であるが、日本文法では無益有害な錯覚である」(p. 6) と言う。そして、主語という用語は「腐れ縁で主述関係を喚起するからいけない」(p. 6) としている。三上 (1959) が言いたいのは、日本語では「述語一つがセンテンスを背負う」(p. 7) ということで

ある（このことは、三上［1943、1952等］でも述べられている）。

　それでは、日本語に関して「文は主語と述語から成る」という見方が「虚構」であるのは、なぜか。おもな根拠とされているのは、主格（「が」格項目）が動詞支配をしないということである。〈述語と、人称や数の呼応をして、述語の形態を決定するような成分が日本語にはない。日本語の所謂「主語」は、述語と張り合って文を構成するものではなく、述語を補う語の一つにすぎない〉という、三上（1942a）以来の主張の繰り返しである（この主張の問題点については竹林［2004：第Ⅰ部第１章］で述べた）。

　三上（1959）は、日本語において注目すべきは題述関係（題目と述部の関係）だとする（p.34、p.96）[注4]。この題述関係について詳しく論じたのが三上（1960）である。

2.4. 三上（1960）の論
　三上（1960）は次のように述べる。

　　日本語で典型的な文（センテンス）は、「Ｘハ」で始まる題述関係の文です。
　　公式で一括して
　　　Ｘハ、ウンヌン。
　　　題目　　述部
　　と書くことができます。題目の提示「Ｘハ」は、だいたい「Ｘニツイテ言エバ」の心持ちです。上の「Ｘニツイテ」は中味の予告です。下の「言エバ」は話し手の態度の宣言であり、これが述部の言い切り（文末）と呼応します。後者、すなわち文末と呼応して一文を完成する仕事が「ハ」の本務です。前者、すなわち中味への関与の仕方は「ハ」の兼務です。「Ｘハ」には、本務と兼務との両面があることを知り、始終それを念頭に置くことがたいせつです。(p.8)

「は」の「本務」「兼務」という考え方は三上（1953）以来のものである。兼務とは、例えば「象の鼻は長い。」の「は」が「が」を兼ねているということであり、「は」の前接項目（「Ｘは」の「Ｘ」）の格的立場に着目した見方である。

兼務には、「が」の兼務のほか、「を」の兼務（この本は父が買ってくれました。）、「に」の兼務（日本は温泉が多い。）、「の」の兼務（象は鼻が長い。）等がある。

　また、何も兼務していない「は」もあるとされている。「新聞は何新聞をお読みですか？」「これは寝すぎた。しくじった。」等の「は」である。これらの文における「は」の前接項目（「新聞」「これ」）は格項目ではないという見方である。なお、「Xには」「Xでは」「Xからは」のように格助詞＋「は」の場合も、「は」は何も兼務せず、本務のみを果たす。格関係は「に」「で」「から」といった格助詞で示されているからである。

　三上（1960）は、「Xは」の「は」に本務と兼務の二面性があることを強調している。また、〈主述関係という観点では題述の構文が解明できない〉とする。「題目と述部とは呼応し、張り合って一文を完成する」（p. 105）のに対して、「が」格項目（所謂「主語」）は文末まで係らず、述語と張り合うような成分ではない、というのが三上の主張である。

2. 5.　三上（1963a-c）の論

　三上（1963a）は、日本語文法の専門家も非専門家も「西洋文法に巻かれ（長いものに巻かれ）ている」（「まえがき」）とし、日本語には日本語なりの文法があるのであって、「西洋文法」に劣等感を抱く必要はないと述べている。

　「西洋文法に巻かれている」というのは、西洋文法の主述関係をむやみに崇拝しているという意味である。三上（1963a）は、「西洋文法の主語とは、動詞を支配するものにほかならない」（p. 67）のだが、そういう主語の有無は「国々の言語習慣次第であって、アプリオリの問題ではない」（p. 68）と言う。そして、主格は与格・対格と並んで補語であり、この点で主格・与格・対格は同レベルの成分なのだから、主格が主語という特別な立場に立たない日本語は「論理的に公正」（p. 131）であるとする（このことは、三上［1942c、1952］でも述べられている）。

　また、三上（1963a）は、日本語が提題助詞「は」という「ヨオロッパにない文法手段」（p. 76）を持っていることを重視する。そして、「提題の助詞「は」を使って、題述関係（題目と述部）のワクで構文するということ、これが日本語の文法的特性として最も顕著なものであろう」（p. 122）と述べる。三上（1963a）は、この「題目」に目を向けるよう、読者に訴える。

題目（主題）の重要性は三上（1963b、1963c）でも強調されている。三上（1963c）では、日本語の基本的な構文様式たる題述関係の解明に無益有害であるということが主語廃止の理由になっている。

　ただし、三上（1963b、1963c）は、題目（主題）概念よりも、日本語の文が「述語一本建て」であることを重視していると見られる。

　　有志有為の方はめいめい、「文は主語と述語から成る」という幻想から次のリアリズムに移ってください。
　　　文は述語といくつかの補語から成る。
　　　ただし、題（theme）をもつ文が多い。
　　いくつかは、ふつう零個、一個、二個、三個です。主語廃止論は、裏返せば主題導入論と言えるのですが、主題をただし書きに持って行ったのは、主題を欠く無題の文も成立するからです。題は重要な概念ではあるが、文に不可欠の成分ではないのです。（三上1963b：201）

　　ヨーロッパ語のS—P構造に対して、日本語の文の特徴を述語一本建てと言い表すことができる。（三上1963c：53）

　三上（1963b）は、「日本文法では、述語を最優先的に重視するというのは、公理といってもいいようなものです」（p. 11）とも述べている。
　野田（2010：31-32）は、「三上が文をとらえるときに特に重要だと考えた」こととして、「主語の扱い（主格と主題の区別）」「文の種類（名詞文と動詞文の区別）」「節の種類（単式と軟式と硬式の区別）」の三つを挙げる。しかし、野田（2010）は、きわめて重要なこと——三上の「述語一本建て」重視——に言及していない。
　三上は、日本語に関して主語を否定し、題目（主題）を重視することにより、主述関係という「虚構」を捨てて題述関係に注目するように主張したのであるが、最も強調したかったのは、日本語の文が述語一本建てである——日本語では「述語一つがセンテンスを背負う」（三上1959：7）——ということだったと考えられる。このような見方は時枝（1941）の文観と軌を一にしている（ただし、時枝［1941］は日本語における主語の存在を否定してはいない）。三上が日本語文法で

何よりも論じるべきこととしたのは述語の問題であった（三上1943、1952、1953、1959等）^{注5}。

　それでは、三上は、「犬！」「水！」のような名詞一語文や、「おーい。」のような呼びかけ文、「妙なる笛の音よ。」「花もが。」のような喚体句について、どのように考えていたのであろうか。これらの文も述語一本建てだと考えていたのか否か。

　三上（1963c：第Ⅱ章）は、山田文法における述体・喚体の分類等に倣って、文を「述語構文」（山田の述体句）と「遊離構文」（山田の喚体句や名詞一語文、呼びかけ文、等）の二種に分けている。そして、述語構文のカナメは述語であり、遊離構文のカナメは「遊離語（独立語）」であるとする。

　ということは、三上が述語一本建てと言っているのは、じつは述語構文についてなのであった。喚体句や名詞一語文、呼びかけ文は遊離構文に属するものであり、述語一本建ての文だとは考えられていない。三上が「日本語の文の特徴を述語一本建てと言い表すことができる」（三上1963c：53）と言うとき、その「日本語の文」とは遊離構文を含めた文全般のことではない、ということを押さえておきたい。

2.6. 三上（1969b）の論

　三上（1969b）には「主語否定」の「消極的理由」と「積極的理由」が述べられている。

　「消極的理由」は、日本語において「文のカナメが文末にある」（p.43）ということ——日本語の文が述語一本建てであるということ——である。

　また、主語否定の「積極的理由」は、「主格（とある種の位格）さえも丁寧辞にはばまれて文末とは呼応しない」（p.45）ということである。三上（1969b）は次のように言う。

　　　普通体の
　　　　　Brutus ガ Caesar ヲ殺シタ
　　　という文では、主格「Bガ」も対格「Cヲ」も述語「殺シタ」に係っていることしかわからない。じつは両者とも連用形部分の「殺シ」までに係っ

て、「タ」には係らないと見るべきであるが、そのことはこの文を丁寧体に変えてみて初めてはっきりする。

　　　ＢガＣヲ殺シ masi タ

　　　ＢガＣヲ殺シ masi タラ、

　　　ＢガＣヲ殺シ masi テモ、

丁寧辞 masi は、話手の話相手に対する敬意を表わす部分であって、ＢやＣの地位や身分とは無関係である。だから、「Ｂガ」や「Ｃヲ」の係りが丁寧辞をくぐり抜けて、時法変化語尾にまで及ぶとはとうてい考えられない。それらは masi でさえぎられるものと見なければならない。(p. 43)

　要するに、三上（1969b）は、〈日本語の主格は文末（述語の活用語尾）と呼応するものではないから、主語とは言えない〉という持論を、主格が丁寧辞に阻まれるということを根拠に主張しているのである。

　ただ、主格が丁寧辞に阻まれるという論は、問題があろう。「丁寧辞 masi は、話手の話相手に対する敬意を表わす部分であって、ＢやＣの地位や身分とは無関係である」というのは、そのとおりである。しかし、「だから、「Ｂガ」や「Ｃヲ」の係りが丁寧辞をくぐり抜けて、時法変化語尾にまで及ぶとはとうてい考えられない」ということにはならない。丁寧辞は「ＢガＣヲ殺シ masi タ／タラ／テモ」のように動詞と助動詞・接続助詞との間に位置してはいても、意味的には助動詞や接続助詞を含めた文・節の全体を覆う（どういう姿勢で発話しているのかを表す）のであり、文中の主格項目と文末・節末との呼応関係に影響を及ぼすものではないであろう。「ＢガＣヲ殺シ masi タ」の意味構造を［［［ＢガＣヲ殺シ］masi］タ］のように考えることは、丁寧辞の働きと整合しない。

2.7.　三上（1969c）の論

　三上（1969c）は、「主語否定論」の主張を「一　「主語」も連用修飾語のうち」「二　とすれば、主語という名称は不可」(p. 84) という二つにまとめる。そして、次のように述べる。

二個条のうち肝心なのは、もちろん第一条である。ところが、この連用修飾語の内か外かという問題が、じつは簡単に割り切れない性質のものである。主格をも連用修飾語の内に入れるか、それとも主格だけ外に出して特別扱いするかは、原理的にはどちらも可能であって、そこの区別は程度問題になることである。(p.84)

　主格を連用修飾語の内に入れるか否かは、「主格（が）にだけあって、対格（を）以下の諸格には認められないという主格の独自性」(p.84)をどれだけ重視するかによる、というのが三上（1969c）の見方である。
　それでは、三上（1969c）は主語肯定論を容認するのかというと、決してそうではない。あくまでも、「具体的な文例に即して」(p.85)、主語肯定論と対決しようとする。
　三上（1969c：85-86）は、

　　日曜大工は、おもに彼がやるが、彼女も少しは手伝う。
　　彼は、おもに日曜大工をやるが、料理も少しは手伝う。

という二つの文が「パラレルな題述関係」であり、「もし主述関係を適用せよといわれると、困惑するばかりだろう」と言う。また、

　　その家は、周囲が広い空き地である。
　　その家は、周囲に広い空き地がある。
　　その家には、周囲に広い空き地がある。
　　その家は、周囲を広い空き地が取り巻いている。

という四つの文を挙げて、「各自、これらの統一的説明をくふうしていただきたい」と言う。〈これら四つの文は、題述関係の観点からは統一的に捉えられるが、主述関係の観点から統一的に説明することは困難だ〉と言いたいのであろう。
　また、三上（1969c）は、「主語否定の理由もいろいろあるが、いろいろ並べ

ると、かえって焦点がぼやける。理由を一つに絞ろう」(p.86) とし、主格も対格も丁寧辞に阻まれて文末の「時法変化」(modus、modality) に達しないということを挙げる。これは、三上 (1969b) が主語否定の「積極的理由」としたものである。

2.8. 三上 (1970) の論

　三上生前の最後の著書 (三上1970) においても、日本語の主格が動詞支配をしないこと——述語との呼応関係を持たないこと——を理由として、日本語には主語がないとされている。

> 一般化して言えば、主格が排他独占的に、つまり対格その他を押しのけて主格だけが、述語 (finite verb) と結びつくとき、そのような主格を主語と呼ぶのである。このような意味で、ヨーロッパ語には主語があり、日本語には主語がない——と私は考える。(p.66)

　また、三上 (1970) は「三十年一日のごとき主語否定論も、多少の進歩はあったろう。これから現在の考えを述べる」(p.82) とし、主語否定論の「消極的理由」と「積極的理由」を記す。

> 西洋文法からあまくだった主語は、一おう連用格に下げて考え直してみる必要がある。消極的理由は、消極的にこのような考え直しを要求するまでである。(p.84)

> 積極的理由というのは、日本語の文は題述関係 (T‐C) によって bipartite になるから、同様なはたらきをするはずの主述関係の出る幕はないということである。
> 　　(太郎がそれを知らないはず) がない。(unipartite)
> の"太郎が"は従属句中の主格にすぎない。しかし、提題の仕方によっていろんな個所に境界ができる。……"ハ"の統辞的機能の強力さを思うとき、"ガ"が格助詞中で持つ優位の程は知れたものである。(pp.85-86)

「消極的理由」は、主格（いわゆる「主語」）も対格や与格とともに補語（連用修飾語）の一つだ（そういうものとして考え直す必要がある）ということであり、「積極的理由」は、日本語の典型的な文は題述関係の文だ（そして、「が」よりも大きな役割を果たす提題助詞「は」がある）ということである。いずれの理由も、三上（1970）以前に、主語否定の理由として三上が挙げていたものである。

2.9. 主語・題目語をめぐる三上説の変遷（まとめ）

　以上、主語・題目語をめぐる三上の論を詳細に見てきた。三上説の変遷をまとめると次のようになる。

　三上（1942a）の主語抹殺論は、〈「が」格項目（主格）は、心理上、用言の観念を後から補うものである〉ということを積極的理由とし、〈「が」格項目は、統語的に特別な振る舞い（動詞支配をしたり、語順上、特別な位置に立ったりすること）をしない〉ということを消極的理由とするものであった。上の「積極的理由」は、三上が「主語」を topic の意味で了解しなくなったことにより、その後、主語抹殺（廃止・否定）論の理由とされることはなくなる。三上（1942a）以降も一貫して主語抹殺の理由とされたのは、上の「消極的理由」であった（三上 1942c、1953、1959、1970等）。

　三上によれば、「が」格項目が統語的に特別な振る舞いをしないということは、「が」格項目が「を」格項目や「に」格項目と並ぶ、連用修飾語の一つだということである。1960年代の終わりには、「が」格項目が連用修飾語の一つにすぎず、述語と大きく張り合って一文を構成するものではないということを、〈「が」格項目は丁寧辞に阻まれ、文末と呼応しない〉という観点から主張するようになる（三上1969b、1969c）。

　主語・題目語をめぐる三上説の変遷において注目すべきは、1950年代の終わり頃から「題述関係」重視論の色合いが濃くなったことである。三上は、〈日本語の典型的な文は題述関係の文であり、日本語に関しては題述関係に注目すべきである〉と強く主張するようになる。そして、日本語の基本的な構文様式たる題述関係の解明に無益有害だということが主語廃止の理由とされる（三上1958a、1960、1963c、1969c、1970等）。〈日本語に主語はない〉というストレートな

主張は、〈「主語」を、語義通りの subject たる「主題」に見替えよ〉という主張に転じた[注6]。

　しかし三上は、「主題」(「題目」) を重要な概念としつつも、文に不可欠の成分とは考えない。なぜなら、「あっ、犬が走ってる。」のような、「主題」のない文 (無題文) もあるからである。三上が1940年代の初頭 (三上1942b) から一貫して強調し続けたのは、日本語の文 (正確には「述語構文」) が本質的に述語によって成立する――「述語一本建て」である――ということであった (三上1943、1952、1953、1959、1963c、1969b 等)[注7]。

3.「Xは」と「Xが」の異次元性と交渉

　三上説に関して注目すべきこと (の一つ) は、「Xは」(提示語、題目語) と「Xが」(主格補語) の異次元性と交渉が説かれていることである。

　「Xは」と「Xが」の異次元性について三上が論じている内容 (本章2.1節、2.4節、2.8節) は、山田孝雄の所説 (山田1908、1936等) と大きく共通する。

　尾上 (1977a) は山田の「提示語」概念の意義を、「「――は」という成分の表現論的な特殊性を、一文中の語の格関係とは別のレベルのこととして位置づけたこと」(p.26) に認める。また、尾上 (1977a) は三上の題目語論について次のように述べている。

　　「は」の提題性に関しては、「単なる主格表示にあらず」という山田孝雄以来の繰り返しの側面よりも、その用例収集の広さを評価しなければならない。なかでも、述語との間に直接的な格関係をもち得ない語が、題目語という表現的に卓越した成分たるゆえに文の構成に参加できる場合があること (“先行”“無格の題目”“短絡”などの概念) を指摘したのは三上が最初であり (竹林注:本章2.4節、三上 [1960:第1章第8節、第9節] を参照されたい)、これは、山田孝雄において区別された文構成の二側面、すなわち語間の格的関係に属する一面と“提示語”というような表現法に関わる一面との微妙な関係をついたものとして、きわめて重要である。(pp.28-29。下線、竹林)

この「文構成の二側面」は、森重（1959、1971等）の「論理的格関係」と「係結的断続関係」に相当する（松下［1928：780-781］も参照されたい）。

　〈「Ｘが」は、「Ｘ」が用言の「属性」面に対して「主格」の立場にあることを示すだけであり、用言の「陳述」（述べ上げ、言い切る働き）には関係を持たないが、「Ｘは」は陳述に関与する（陳述を要求する）〉という山田（1936：487-493、689 693）の見方は三上説に受け継がれていると言えよう（題目語の係り受けに関しては、松下［1928：777］も参照されたい）。

　尾上（1977a：29）が上の引用箇所で「語間の格的関係に属する一面と“提示語”というような表現法に関わる一面との<u>微妙な関係</u>」（下線、竹林）と言っているのは、「Ｘは」と「Ｘが」の交渉をも考えてのことであろう。「Ｘは」と「Ｘが」は互いに異次元にあるといっても、全く交渉がないわけではない。「<u>象の鼻は長い。</u>」のように両者が重なる場合もある。これを三上は、「は」の「兼務」と言う（cf. 本章2.4節）。「象の鼻は長い。」は「<u>象の鼻が</u>長くあること」を表している文であり、「<u>象の鼻</u>」は、「長い」に対する格的関係で見れば主格の<u>立</u>つ（ただし、川端［1966、1976等］のように、動詞文においてのみ格関係を考える立場もある）。

　「Ｘは」と「Ｘが」の異次元性と交渉（ズレと重なり）は、助詞の性質の問題にとどまらず、「題目語（主題）」と「主語」の関係、述定文のタイプと本質（有題文と無題文との相違点・共通点）、といった文法論・表現論上の大テーマに深く関わるという点で、今日なお考えるべき重要な問題であると言えよう（尾上［2004、2008a］を参照されたい）。

　この問題についての本書筆者の考えは竹林（2004、2008）で述べたが、そこで述べた内容を以下、簡略に記しておく（ただし、竹林［2004、2008］では「主語」ではなく「主部」という用語を使っている）。

　「Ｘは」（Ｘ＝主題）も「Ｘが」も、以下の叙述部で語られる対象として「Ｘ」を提示している点では変わりない。「ＸはＰ。」「ＸがＰ。」は、いずれも、「Ｘ」について「Ｐ」と述べる文である。文ないし節（クローズ）において〈それについて語られる対象〉を主語と呼ぶことにすると、「Ｘは」「Ｘが」の「Ｘ」は主語であり、「Ｘは」「Ｘが」の「は」「が」は主語の提示に働いていると言える。

それでは、これらの「は」「が」は主語をどのように提示しているのか。主語の側から言い換えれば、「Xは」の「X」、「Xが」の「X」は、各々、「は」「が」によってどのように提示されているのか。

　「Xは」は、主語「X」を主題として提示するものであり、「Xは」の「X」は、いわば「主題主語」——主題である主語——である（竹林［2004、2008］では「主題主部」と名づけた）。主語には、主題である主語と、主題でない主語——非主題主語（竹林［2004、2008］の用語では「非主題主部」）——があると筆者は考える。「Xは」の「X」は主題主語の一種であり、「Xが」の「X」は非主題主語の一種である。

　「一種」と言ったのは、主語提示に働く形式には、「は」「が」のほかに「って」「も」「こそ」や無助詞があるからである。

　「あの人は賢いね。」「あの人って賢いね。」「あの人φ賢いね。」（φ＝無助詞）は、いずれも、「あの人」を主題として提示し、「あの人」について「賢いね」と語っている。しかし、「は」による主題提示、「って」による主題提示、無助詞による主題提示では、どのように主題を提示するかという点で、各々、性質が異なる。「は」は、〈特に取り立てて主題を提示する〉という、「特立主題提示」とでも呼ぶべき働きをする形式であると考えられる（「は」が主題提示以外の用法も持つことは言うまでもない）。

　非主題主語に関しても、「が」「も」「こそ」、無助詞は、それぞれの仕方で非主題主語を提示する（無助詞は、「あの人φ賢いね。」のように主題主語を提示するほかに、「財布φ落ちたよ。」のように非主題主語を提示することもある）。「が」は、〈認識の「中心」——重要な意味合いを付与された中核項目——として非主題主語を提示する〉という、「中心化提示」とでも呼ぶべき働きをする形式であると考えられる。

　「Xは」と「Xが」とは、主語の提示である点では共通するが、主語の提示の仕方が異なるのであった（「Xは」は主語を主題として特立提示、「Xが」は主語を非主題として中心化提示）。

　以上が、「Xは」と「Xが」の重なりとズレについての、筆者の見解の概略である（詳しくは竹林［2004、2008］を参照されたい）。

　助詞「が」は、認識の「中心」として非主題主語を提示する形式であるゆえ

に、「が」格項目は所謂「主格」の立場に立つことが多い。しかし、助詞「が」は主格表示のための形式ではないと考えられる。

　例えば「財布φ落ちたよ。」という文では、「が」がなくても、「財布」が主格であることは明らかである。主格表示のために「が」が必須なわけではない。

　また、国広（1987）が指摘しているように、（別れの挨拶で）「それじゃあ、私がお先に失礼します。」という文は、誰が先に帰るかが問題になっているようなコンテクストにおける発話であり、「私が」は単に主格表示と言ってすませることのできない特殊性を帯びている。

　さらに、「花子は太郎が好きだ。」のような文の二義性（《花子が太郎を好いている》の意でもあり得るし、《花子を太郎が好いている》の意でもあり得る）は、「が」格項目が主格に限られないことを示している。《太郎を好いている》意の「太郎が好きだ。」において、「太郎」は、情意の対象たる対格項目（『太郎』）が「中心化提示」された非主題主語である[注8]。

　助詞「は」には、「象の鼻は長い。」のように〈「が」を兼務〉している場合があると言っても、主格項目（『象の鼻』）が「は」によって主題化されているというだけのことであり、「は」が助詞「が」の意味ないし働きをも担っていたり、「は」の背後に助詞「が」が潜在していたりするわけではない。

4.「主語」の概念規定

　三上説をめぐって考えるべきこととして「主語」の概念規定の問題がある。

　第2節で見たように、三上は〈構文上、特別な振る舞い（動詞支配等）をして、述語と二項対立をなす主格項目〉こそが「主語」なのだとする。そして、〈日本語の主格項目（「が」格項目）は、この意味での主語ではないのだから、日本語には主語がない〉と主張する。

　三上は、「西洋文法」に巻かれて日本語を見てはならないことを強調したが（三上1942b、1959、1963a 等）、上のような「主語」規定は英語・ドイツ語・フランス語のような言語に引きつけた捉え方であろう（このことは、本書第1章の注1でも述べた）。

　尾上（2008a）は、三上のような「主語」規定では「言語というものを大きくつかむ上で大切なものを落としてしまうことになろう」（p. 21）とし、次のよう

に述べる。

> 英語、ドイツ語、中国語などもっぱら統語上の観点によって主語が規定で
> きる言語の主語の意味的立場（動作主、属性の持ち主など）と、統語面からは
> 主語が規定できない日本語においてガ格に立つ名詞項の持つ意味的立場と
> は大きく一致する。また、気候・天候・体感温度・明るさを語る場合のよ
> うに、統語上明らかな主語を持つ言語においても主語を言いにくい文（無
> 内容の it とか Es とかを主語に立てざるを得ない［竹林注：本書第9章の注2を参照]）
> では日本語でもガ格項を言いにくいし、そういう場合にあえて主語を実質
> 的な名詞で言うとすれば場所項が主語になりうる（London is cold. のような
> locative subject）が、日本語でも同様に場所項がガ格に立つ（「北海道は寒い」
> 「この部屋が暗いのは…」）。(p. 21。下線は原文のもの)

　そして、「このような、英語などの（統語面だけでも規定できる）主語と、日本
語のガ格に立つ項（格助詞で言うとすれば「○○ガ」になる項）との大きな共通性を
見落とすまいとするならば、それらを包括するような概念が必要になる」(p.
21）と言う。この「それらを包括するような概念」としての「主語」とは、「一
つの文が語る事態の中で認識の中核として存在するもの」（尾上2008a：24）であ
る。
　尾上と同様の「主語」理解は、川端（1976、2004等）や Langacker（1991、2008
等）にも見られる。主語を〈事態認識の中核項目〉として捉える見方に立てば、
日本語にも主語はあるということになる（ただし、日本語の主語は「が」格項目のみ
ではないであろう。本書第1章、第5章を参照されたい）。また、そのような「主語」
理解は、〈文とは何か〉〈述語とは何か〉といった問題を根源的に問い、論じる
ことと繋がっている。

5.　主語論の方法
　第2節で見たように、三上は、日本語の文（正確には「述語構文」）が本質的に
述語によって成立する——「述語一本建て」である——ということを強く主張
し、日本語文法で何よりも論じるべきは述語の問題であるとした。

それでは、三上は述語について、どのように考えているのであろうか。

　三上は、日本語の「述語構文」を成立させるのは「ムウド」——「用言の活用語尾にあらわれるサマ」（三上1959：123）——であるとする（三上の論を総合すると、三上はそう考えていることになる）。そして、文の終止に用いられる「ムウド」として、確言法（e.g. この本は、もう読んだ。）、推量法（e.g. 明日は雨が降るだろう。）、疑問法（e.g. これ、何ですか？）、命令法（e.g. 走れ。）、間投法（e.g. なんという雄大さ！）注9といったものを挙げる（三上1959：123-127、三上2002：10-12、87-109）。

　しかし三上は、述語の本質——述語を述語たらしめるものは何か、ということ——について本格的に論じてはいない。また、「水！」「おーい。」「妙なる笛の音よ。」のような文（三上の用語では「遊離構文」）を含めて、文の本質——文成立のための要件は何か、文を文たらしめるものは何か、ということ——を問うてもいない（述語・文の本質を考えるというような原理論を三上が志向していなかったことについては、益岡［2003］を参照されたい）。述語の本質、文の本質を突き詰めて考察せずに、主語の問題を的確に論じることができるのであろうか。

　従来、三上の主語否定論に対して、日本語にも主語はあるとする論が出されてきた。しかし、〈主語について論じるときに、述語の本質、文の本質を問わない論じ方でよいのか〉というように、根本的な方法論の観点から三上の主語否定論を批判したものは皆無に等しい。

　日本語における主語の有無についての論は多い。主語否定論としては、三上の論のほかに、湯川（1967、1999）、金谷（2002、2004）等があり、〈日本語にも主語はある〉とする主語肯定論としては、鈴木（1975、1992）、柴谷（1978、1985）、仁田（1997b、2007）、尾上（2004、2006）等がある。しかし、〈主語を論じる際にどのように論じたらよいか〉ということ——主語論の方法——を意識的に考えて論が展開されることは、あまりないように見える。

　主語の問題が文の成分に関わる事柄である以上、〈主語について論じる際には、文の本質、述語の本質を問う必要がある〉と考えたい。そして、文の本質、述語の本質を問いつつ主語について考察するとき、〈日本語にも主語はある〉という論が成り立つ、というのが筆者の見解である。

　以下では、尾上圭介の主語論を見たのち、主語についての筆者の見方を提示する。

尾上（2005）は、「主語、主題の問題を考えるときには必ず一方に述語とは何か、述べるとは何かという問題を考えている」（p.3）と言う。それでは、尾上の主語論と述語論とは、どのように関連しているのであろうか。

　尾上（2004、2006、2014c等）は、「主語－述語」関係について、「認識の側面」と「存在の側面」から捉えられると述べている。「認識の側面」から言えば、主語は「認識の対象」であり、述語は「認識の内容」である。例えば、「犬が走ってる。」という文においては、「犬」が「認識の対象」であり、「走ってる」が「犬」についての認識内容である。また、「存在の側面」から言えば、主語は「存在するもの」、述語は存在物の「存在の仕方」である。例えば、「犬が走ってる。」という文においては、「犬」が「存在するもの」、「走ってる」が「犬」の「存在の仕方」である。

　尾上（2014c：269）は、「〈認識内容〉があるのに〈認識対象〉がないということはありえないし、〈存在の仕方〉だけあって〈存在するもの〉がないということはありえない」から、「述語を持つ文には原理的に必ず主語がある」と言う。

　一方で、尾上（1997b、1998a、2004、2014c等）は日本語の主語について、

　　ａ．意味役割の次元（「動作主」「属性の持ち主」であるといったこと）
　　ｂ．表現・伝達の心理的中心項（題目語）であるということ
　　ｃ．統語上の観点（語順の上で特別な位置にあったり、動詞支配をしたりすること）

のいずれによっても規定できないとする。そして、日本語においては「ガ格に立つ名詞項」が主語であるとし、「多様なガ格項の共通性とは、一言で言えば、事態認識の中核項目ということであろう」（尾上2004：9）と述べる（尾上の言う「ガ格に立つ名詞項」とは、「富士山は美しい。」「彼だけ来た。」のように係助詞や副助詞が現れたり、「財布φ落ちましたよ。」のように無助詞であったりしても、「その名詞項と述語との意味関係を大きく変えないで格助詞で言うとすればガが用いられる項」［尾上2004：8］のことである）。

　さて、主語をめぐる尾上の二つの論、即ち、〈述語を持つ文には必ず主語がある〉という論と、〈ガ格項が主語である〉という論からすると、〈述語を持つ

文には必ずガ格項がある〉ということになる。しかし、〈述語を持つ文には必ずガ格項がある〉とすると、例えば「殿下には、式後直ちにご帰京になった。」（三上1970：165）、「私から彼に日程を伝えておきます。」のような無主格文についての説明が困難になる（尾上の主語論にとって無主格文が問題となることについては、本書第5章3.3節でも述べた）。なぜなら、これらの無主格文は、明らかに述語を持つ文であるが、ガ格項が存在しないからである。

　尾上（2005）は、「主語、主題の問題を考えるときには必ず一方に述語とは何か、述べるとは何かという問題を考えている」（p.3）と言っているが、〈ガ格項が主語である〉という論は、述語のことも考えた上で立てられた論ではないであろう。〈述語を持つ文には必ず主語がある〉のであれば、無主格文の場合、ガ格項でない主語を認めなければならないはずだからである[注10]。ここに、尾上の主語論の方法論的問題があると考えられる。

　それでは、筆者（竹林）は主語についてどのように考えているのか。文の本質、述語の本質をどう考え、文・述語の本質との関連で主語をどのようなものと捉えているのか。竹林（2004、2008）や本書で既に述べた内容と重なる部分もあるが、以下では、これらのことについて簡略に述べることとする。

　まず、文の本質についてであるが、文の本質は〈或る対象について、或るありさま（動作・変化・状態・性質等）の実現性のあり方を語る〉ということにあると考える。「実現性のあり方」とは、〈実現しない〉〈実現していない〉〈実現した〉〈実現している〉〈実現する〉といったことである。そして、文において、或る対象について或るありさまの実現性のあり方を語る、その語り方には、大きく「承認」「疑問」「希求」の三種があると考える（本書第3章）。

　このことを例文とともに表にまとめてみる。

	不実現	既実現	実現
承認	・雨が降らない。 ・あっ、財布！（「財布がない」の意）	・雨が降った。 ・ねずみ！（「ねずみがいる」の意）	・雨が降りそうだ。 ・早く謝るべきだ。
疑問	・雨、降らない？	・雨、降った？	・雨、降る？
希求	・走れ。 ・水！ 「希求」は<u>不実現</u>のありさまの<u>実現</u>を望むこと（「不実現」「実現」の両方に関わる）	該当なし（既実現の事柄を希求することはない）	・走れ。 ・水！ 「希求」は<u>不実現</u>のありさまの<u>実現</u>を望むこと（「不実現」「実現」の両方に関わる）

　例えば、表の左上の枠であるが、「雨が降らない。」という文は、「雨」について「降る」というありさまが不実現であることを承認している（肯定している）表現である。また、表の右上の枠、「実現」の「承認」というのは、「雨が降りそうだ。」という文を例として言えば、「雨」について「降る」というありさまが実現すると思われることを承認している表現である。表の左下と右下の枠、「走れ。」「水！」のような「希求」表現についてであるが、「希求」というのは実現していないありさま[注11]の実現を望むことであるから、「不実現」「実現」の両方に関わる。「走れ。」は、二人称者について「走る」という（不実現の）ありさまの実現を希求している文である。また「水！」は、「水」について、その存在——「ある」という（不実現の）ありさま——の実現を希求している文である。

　それでは、述語の本質は何か。筆者は、〈ありさま＋実現性のあり方〉を表すのが述語であると考える。文を最終的に文たらしめる「承認」「疑問」「希求」が本質的に述語の外にあることは、連体句内・従属句内の述語が「承認」「疑問」「希求」の意味を持たないことに端的に見てとれる（本書第3章）。

　文は、語られる対象と述語（ありさま＋実現性のあり方）に、「承認」「疑問」「希求」のいずれかが加わることによって成立する、と考えられる。

　文の本質、述語の本質をこのように考えると、主語がどのようなものかということも見えてくる。即ち、文（複文であれば従属節と主節）には、〈或るありさ

まの実現性のあり方が語られる対象〉があるわけだが、これが主語である――
筆者は、これを「主語」と呼びたい――ということである（「主語」という用語に
ついては、本書「はしがき」の末尾を参照されたい）。

　本章第3節でも述べたように、主語には「主題である主語」と「主題でない
主語」の二種があると考える。例えば、「あの人は賢いよ。」「あの人って賢い
よ。」「あの人、賢いよ。」といった文の「あの人」は「主題である主語」（主題
主語）であり、「あの人が賢いよ。」「あの人も賢いよ。」「あの人こそ賢いよ。」
「財布、落ちたよ。」といった文の「あの人」「財布」は「主題でない主語」（非
主題主語）である。筆者の見方では、「主題」（題目語）を主語の一種として考え
ることになる。

　尾上（2004、2014d 等）は、「富士山は美しい。」のような主題を主語であると
する（即ち、主題であり、かつ主語であるとする）一方で、「夕食はもう食べた。」「奥
さんの家出は君が悪い。」のような主題を主語ではない（即ち、主題ではあるが、
主語ではない）と見る。〈ガ格項が主語である〉とする尾上にとっては、ガ格項
以外のものは主語でないことになるからである。しかし、本書筆者の「主語」
概念のもとでは、これらの文の「富士山」「夕食」「奥さんの家出」は全て、主
語の一種（主題主語）だということになる。いずれの主題も、〈或るありさまの
実現性のあり方が語られる対象〉だからである[注12]。

6. おわりに

　本章では、日本語の主語・題目語をめぐって三上章が三上（1942a）から30年
間どのように論を展開したのか、その変遷を詳細に見た。そして、三上の論を
承けて考えるべき三つのこと――①「Xは」と「Xが」の異次元性と交渉、②
「主語」の概念規定、③主語論の方法――について述べた。以下に本章の要点
をまとめておく。

　A.　三上の主語抹殺（廃止、否定）論は、1950年代の終わり頃から「題述関
　　　係」重視論の色合いが濃くなった。しかし三上は、「題目」（「主題」）が
　　　日本語の文に不可欠の成分だとは考えていない。「題目」のない文（無
　　　題文）もあるからである。三上が1940年代の初頭から一貫して強調し続

けたのは、日本語の文（「述語構文」）が「述語一本建て」だということである。（主語・題目語をめぐる三上説の変遷についての、より詳しいまとめは、2.9節に記した。）

B．三上は、「Xは」（提示語、題目語）と「Xが」（主格補語）の異次元性と交渉（ズレと重なり）を説いている。これは、今日なお考えるべき重要な問題である（この問題についての本書筆者の見解は、第3節に記した）。

C．三上は、〈構文上、特別な振る舞い（動詞支配等）をして、述語と二項対立をなす主格項目〉こそが「主語」であるという見方に基づいて、日本語に主語がないことを主張した。しかし、このような三上の「主語」概念は、統語面から主語が規定できる言語に引きつけた捉え方である。三上のような「主語」概念とは異なる、尾上のような「主語」理解（事態認識の中核項目として主語を捉える見方）に立てば、日本語にも主語はあるということになる。

D．三上は、日本語の文が「述語一本建て」であることを強調し、日本語文法では述語の問題を最優先に論じるべきであるとした。しかし、三上は述語の本質を本格的に考察していない。また、文の本質を問うてもいない。主語について的確に論じるためには、文の本質、述語の本質を問う必要がある。

注

1）主格の、他の格に対する優位性については、三上（1942d、1952、1953、1958b、1959、1970、1971、2002）も参照されたい。

2）三上（1942a）では「主格否認」（傍点、竹林）となっているが、三上逝去の翌年に刊行された三上（1972）に収録されている同論文では「主語否認」と修正されている。三上（1942a）は「主語」を否認しているのであって「主格」を否認しているのではないから、三上（1972）の修正は妥当である。三上（1972）の「編集あとがき」（くろしお出版編集部による）には次のように記されている。

　　この本は、1953年6月20日、刀江書院発行の『現代語法序説』を底本として、そのページづけのとおりに組みなおしたものである。……フロクの「語法研究への一提試」は、刀江書院版にはなかったもので、著者旧蔵の「コトバ」42.6.によった。著者旧蔵本には書きこみのたくさんあるのと、すくないのとがあって、取捨

にまよった点もあるが、なるべく雑誌初出時に近いものにする方針をとった。
（p. 410）

3）松下（1928）は、「或る概念を提示して他語の運用を修飾するもの」（p. 702）という
意味で「提示語」という用語を使っている。松下（1928）では、題目語（「は」「も」
が付いたもの）のほかに、「特提語」（「ぞ」「なむ」「や」「か」「こそ」「な」が付いた
もの）や「係語」（「のみ」「すら」「だに」「さへ」などが付いたもの）も「提示語」
であるとされている（p. 712）。

4）三上（1955）でも、「西洋のセンテンスが主語＋述語を骨子とするのに対して、その
代りに、こちらは題目―解説を文法形式として持つ」（p. 33）と述べられている。

5）例えば、三上（1953）は次のように述べている。

述語の研究にもまして重要な問題はなく、しかもこの問題は複雑ボウ大で、多数
の文法研究者の努力を結集しなければならないのに、結集すべき個々の努力がな
い。皆無でないが少なすぎる。（p. 98）
外国語が主語述語の二本建であるのに対して、我が日本語は述語一本建である。
センテンスを動詞だけで支えているのである。或いは時枝文法の陳述語尾やゼロ
記号が全体を背負うのである。してみれば、活用形の機能の研究ほど中心的な、
重要緊急な問題はないはずである。しかし一文の主語というような無意味な観念
にわざわいされて、活用形自身の機能があまり問題にされなかった。（p. 155。傍
点は原文のもの）

6）三上（1963a）は次のように述べている。

「主語」は適用困難、判定困難がしばしば起こるから、この用語を廃止しよう、と
言うと、困難の回避のように聞こえるかも知れない。たしかに困難を延期しよう
という一面もないではない。しかし、より重要なことは、困難の原因を考えて、
「主語」より上位の「主題」の必要に思いいたることである。主語を主題に見替え
ることである。前章で見たように、subject の語義は題（題目、主題、話題、論題
など）である。（p. 158）

7）ただし述語構文に関しても、三上（1942a）は、「物語り文」（「源太が平次に本を貸
した。」のような文）についてのみ「述部一本建」（傍点、竹林）であるとし、「「品定
め文」（竹林注：「富士山は美しい。」のような文）に於ては少し事情が違ふ」（p. 6）と
述べている（「物語り文」「品定め文」は佐久間［1941］の用語である）。題述が張り合
って一文を構成する「品定め文」を「述部一本建」と見たくなかったのであろう。

8）《太郎を好いている》意の「太郎が好きだ。」のような「が」格項目を、時枝（1941：
第2篇第3章）、時枝（1950：第3章）は「対象語」と呼び、久野（1973：第4章）は

「目的語」、柴谷（1978：第5章）は「直接目的語」とする。ただし、本書筆者は、これらの先行研究で「対象語」「（直接）目的語」とされている「Xが」の例すべてについて対格項目と考えているわけではない。「対象語」と主語との関係については尾上（1985）を参照されたい。

9）「間投法」とは「感嘆文を終止するいろんな形の総称」（三上1959：124）である。三上（1963c：44-45、160）は感嘆文を、「述語構文」とは別種の「遊離構文」であるとする。なお、三上（2002）は間投法を、「他種のセンテンス（竹林注：感嘆文以外のセンテンス）の部分としてあらわれるような間投的な語句にも適用することにする」（pp. 10-11）と述べている。

10）「殿下には、式後直ちにご帰京になった。」「私から彼に日程を伝えておきます。」という文では、各々「殿下」「私」が主語（ないし主語相当）であると考えられる。このことについては本書第1章第3節を参照されたい。

11）「ある」「いる」という〈存在〉も「ありさま」の一種である。

12）「奥さんの家出は君が悪い。」という文は、主語「奥さんの家出」について〈ありさまと、その実現性のあり方〉を語る述語部分（述部）「君が悪い」が、主語「君」と述語「悪い」から成る、という構造を有する二重主語構文である。

第7章

仁田モダリティ論の変遷

1. はじめに

　仁田義雄は、長年にわたって日本語の文論（特にモダリティ論）を牽引してきた代表的な論者である。そのモダリティ論は仁田（1991）で枠組みが示され[注1]、それ以降、様々な変更が加えられながら約四半世紀にわたって論が展開されてきた。

　本章では、仁田のモダリティ論（以下、仁田モダリティ論と呼ぶ）が仁田（1991）以降どのように変化したのかを見、そのように変化した理由を考える。そして、仁田モダリティ論の今後の展開について私見を述べる。

2. 仁田（1991）から仁田（2009b）までの変遷

　本節では、仁田（1991）から仁田（2009b）までの展開を見る。以下、仁田（1991）の文観（文についての見方）、「モダリティ」概念や、モダリティの種類・下位分類についてまとめる。次いで、仁田（1991）以降に加えられた変更を見たのち、それらの変更が何を意味するのかを考える。

2.1. 仁田（1991）の文観と「モダリティ」

　仁田（1991）は、〈文は概略、言表事態を言表態度が包むという構造を有する〉という文観に立つ（この文観は仁田［1991］以降も変わっていない）。そして、「言表態度」を「モダリティ」と「丁寧さ」[注2]に分ける。

　「言表事態」とは「話し手が、現実との関わりにおいて、描き取った一片の世界、文の意味内容のうち客体的な出来事や事柄を表した部分」（仁田1991：18）であり、「言表態度」とは「言表事態の意味に増減を与えない、言表事態に対

する把握のし方や発話・伝達的な態度やあり方を表している部分」〔仁田1991：11）である。

　また、仁田（1991）の言う「モダリティ」とは「現実との関わりにおける、発話時の話し手の立場からした、言表事態に対する把握のし方、および、それらについての話し手の発話・伝達的態度のあり方の表し分けに関わる文法的表現」（p. 18）のことである（この「モダリティ」概念の規定は仁田［1991］以降も、ほぼ変わっていない。先に見た「言表態度」の概念規定と「モダリティ」の概念規定とが大きく重なっていることについては、本章の注18を参照されたい）。

　仁田（1991）はモダリティを「言表事態めあてのモダリティ」「発話・伝達のモダリティ」という二種に分け、全ての文はこれら二種のモダリティを有する（これら二種のモダリティは文にとって必須である）と見る。「言表事態めあてのモダリティ」とは「発話時における話し手の言表事態に対する把握のし方の表し分けに関わる文法表現」（pp. 18-19）であり、「発話・伝達のモダリティ」とは「文をめぐっての発話時における話し手の発話・伝達的態度のあり方、つまり、言語活動の基本的単位である文が、どのような類型的な発話−伝達的役割・機能を担っているのかの表し分けに関わる文法表現」（p. 19）である。

　さらに、「言表事態めあてのモダリティ」は「判断」（認識系）と「待ち望み」（情意系）に下位分類され[注3]、「発話・伝達のモダリティ」は「働きかけ」「表出」「述べ立て」「問いかけ」に下位分類される[注4]。

2.2. 仁田（1991）以降、仁田（2009b）までの変更

　「言表態度」を「モダリティ」と「丁寧さ」に分けるという仁田（1991）の考えは、仁田（1997a）において変更される。「言表態度＝モダリティ」とされ、「丁寧さ」は、「〈働きかけ〉や〈問いかけ〉などとは、異なったものではあるが、やはり発話・伝達のあり方に関わるものである」（仁田1997a：276）ことから、発話・伝達のモダリティの下位類に位置づけられたのである。

　この変更により、発話・伝達のモダリティは、次の表に示すように「発話機能のモダリティ」（「働きかけ」「表出」「述べ立て」「問いかけ」）と「丁寧さ」とに分けられることになる。

発話機能のモダリティ	① 働きかけ
	② 表出
	③ 述べ立て
	④ 問いかけ
丁寧さ	「する」「します」、「〜だ」「〜です」「〜でございます」

表1　仁田（1997a）における、発話・伝達のモダリティの下位分類

「丁寧さ」を発話・伝達のモダリティの下位類としたことは、仁田モダリティ論にとって大きな意味をもつ。なぜなら、モダリティのモダリティらしさは文類型を決定するところにあるという、仁田モダリティ論における文類型重視の見方[注5]を弱めることになったからである。「丁寧さ」は文類型の決定に関与しない。その「丁寧さ」を発話・伝達のモダリティの一種としたことにより、仁田モダリティ論に様々な変更が加えられていく。

まず、文類型を決定するものではないために「副次的モダリティ」（仁田1991：69）の形式とされていた「なければならない」「べきだ」等が、仁田（1999）において、「評価類」として言表事態めあてのモダリティの下位類（「認識類」とともに「判断系」の一種をなすもの）となる。下の表のとおりである（この表は仁田［1999：80］の図2に基づいている）。

判断系	認識類	「だろう」「かもしれない」「ようだ」等の類
	評価類	「なければならない」「したほうがいい」等の類
情意系		「しよう」「しろ（願望）」等の類

表2　仁田（1999）における、言表事態めあてのモダリティの下位分類

ただし、仁田（1999）は次のように述べている。

〈認識類〉と〈評価類〉を、一つの体系内の存在であるとして位置づけ

はするものの、〈認識類〉と〈評価類〉を、完全に一つの系列（範列／体系）を形成する対等な構成メンバーとして捉えているわけではない。両者は、モダリティ形式としての熟成度が違う。〈評価類〉は、いずれも疑似的モダリティ形式[注6]でしかない。(p. 80)

　文類型の決定に関わらない「丁寧さ」を発話・伝達のモダリティの下位類とした以上、「評価類」を（「認識類」との間に差をつけながらも）言表事態めあてのモダリティの下位類とせざるを得なくなったのである。

　仁田（2009b）では、仁田（1991）における、言表事態めあてのモダリティの二分類（「判断」「待ち望み」）が、「認識のモダリティ」（仁田［1991］の「判断」に相当）、「（当為的な）評価のモダリティ」（仁田［1999］の「評価類」に相当）、「意志願望的把握」（仁田［1991］の「待ち望み」に相当）という三分類になっている[注7]。

　また、仁田（1997a）において「丁寧さ」が発話・伝達のモダリティの下位類となったことにより、発話・伝達のモダリティの概念規定も変更を余儀なくされる。

　仁田（1991）は、発話・伝達のモダリティを次のように規定している。

　　文をめぐっての発話時における話し手の発話・伝達的態度のあり方、<u>つまり</u>、言語活動の基本的単位である文が、どのような類型的な発話-伝達的役割・機能を担っているのかの表し分けに関わる文法表現である。(p. 19。下線、竹林)

　この規定が仁田（1999）で次のように変更される（以降、仁田［2000、2009b］でも同様の規定である）。

　　言語活動の基本的単位である文が、どのようなタイプの発話・伝達的な役割・機能を担っているのかといった<u>発話・伝達の機能類型や話し手の</u>[注8]発話・伝達的態度のあり方を表したものである。(p. 66。下線、竹林)

　仁田（1991）の規定で「A、つまり、B」とされていたのが、仁田（1999）で

は「BやA」となっている。〈A＝B〉という見方が〈A≠B〉という見方に変わったのである。「丁寧さ」は、A（「（発話時における）話し手の発話・伝達的態度のあり方」）ではあるが、B（「発話・伝達の機能類型」）に関与するものではない。「丁寧さ」を発話・伝達のモダリティの一種とする以上、発話・伝達のモダリティの規定は上のように変更されざるを得ない。

　さらに、仁田（2009b）において、発話・伝達のモダリティの下位類に「述べ方」が加えられる。「述べ方」とは、終助詞「よ」「ね」「ぞ」等によって「文をどのような述べ方の態度を伴わせて述べるかを表したもの」（仁田2009b：24）である。

　仁田（1991）では、終助詞「ね」を発話・伝達のモダリティの形式であるとしつつも、「述べ方」のような下位類を立ててはいなかった。「よ」「ね」「ぞ」等は、文類型を決定しない「副次的モダリティ」の形式だからである。しかし、文類型の決定に関与しない「丁寧さ」を発話・伝達のモダリティの下位類として認め、発話・伝達のモダリティの規定を先のように変更したからには、「よ」「ね」「ぞ」等も、れっきとした、発話・伝達のモダリティの下位類と見なさなければならなくなる。このようにして、仁田（1997a）における、発話・伝達のモダリティの二分類（「発話機能のモダリティ」「丁寧さ」）が仁田（2009b）では「発話機能のモダリティ」「丁寧さ」「述べ方」という三分類になった。

　仁田（1997a）が「丁寧さ」を発話・伝達のモダリティの下位類としたことは、発話・伝達のモダリティの文成立論的な位置づけにも変更をもたらす可能性がある。

　仁田（1991）は、言表事態めあてのモダリティ、発話・伝達のモダリティという二種のモダリティのうち、文成立に決定的に関与するのは発話・伝達のモダリティであるとする。このことを示す言語現象として、仁田（1991）は、「言表事態めあてのモダリティを含む単語連鎖が文の一部になりえるのに対して、発話・伝達のモダリティを顕在化させた単語連鎖は、直接引用の場合を除いては、もはや文以外のなにものでもなく、文の一部にはなりさがれない」（p.20）と述べ、次の例を挙げる。

（1）明日は雨になる<u>だろう</u>が、遠足は行われるだろう。

（２）＊明日は雨になる<u>だろうね</u>が、遠足は行われるだろう。

（３）＊静かに<u>しろ</u>が、なかなか静かにならない。

（いずれも、仁田［1991：20］より）

　（１）のように、言表事態めあてのモダリティ（「だろう」）を含む単語連鎖は文の一部になり得るが、（２）（３）のように、発話・伝達のモダリティ（「ね」や命令形）を含む単語連鎖は文の一部になり得ない。

　しかし、「丁寧さ」を発話・伝達のモダリティに入れると、「言表事態めあてのモダリティを含む単語連鎖が文の一部になりえるのに対して、発話・伝達のモダリティを顕在化させた単語連鎖は、直接引用の場合を除いては、もはや文以外のなにものでもなく、文の一部にはなりさがれない」とは言えなくなる。「昨日は雨が降り<u>まし</u>たが、遠足は予定どおり行われました。」のように、「丁寧さ」を含む単語連鎖は文の一部になり得るからである。

3. 仁田（2009b）までの変更の意味

　前節では、仁田（1991）から仁田（2009b）までの仁田モダリティ論において次のような変更が加えられてきたことを見た（時系列にそって並べる）。

①　「言表態度」を「モダリティ」と「丁寧さ」に分けるという仁田（1991）の考えが、仁田（1997a）で「言表態度＝モダリティ」と修正され、「丁寧さ」が発話・伝達のモダリティの下位類とされた。

②　仁田（1999）において、言表事態めあてのモダリティの下位類に「評価類」（「評価のモダリティ」）が加えられた。

③　仁田（1999）において、発話・伝達のモダリティの規定が変わった（「発話時における話し手の発話・伝達的態度のあり方＝発話・伝達の機能類型」という見方を表す規定から、「発話時における話し手の発話・伝達的態度のあり方≠発話・伝達の機能類型」という見方を表す規定になった）。

④　仁田（2009b）において、発話・伝達のモダリティの下位類に「述べ方」が加えられた。

既に述べたように、変更①が変更②～④をもたらしたと言える。そして、変更①～④に通底するのは、モダリティと文類型の関係についての考え方の変化である。モダリティのモダリティらしさは文類型を決定するところにあるという文類型重視の見方が弱くなっている、ということである。

　この変化は、「〈モダリティ〉とは、現実との関わりにおける、発話時の話し手の立場からした、言表事態に対する把握のし方、および、それらについての話し手の発話・伝達的態度のあり方の表し分けに関わる文法的表現である」という仁田（1991）以来のモダリティ規定からすると、起こるべくして起こったと言えよう。文類型は決定しないが「現実との関わりにおける、発話時の話し手の立場からした、言表事態に対する把握のし方、および、それらについての話し手の発話・伝達的態度のあり方」を表す形式があるのは当然だからである。

　それでは、なぜ、仁田はモダリティに関して文類型の決定ということを重視したのであろうか。そこには、〈表現意図が文類型を決める〉という「表現意図論」（国立国語研究所1960、国立国語研究所1963、宮地1979）の影響があるのかもしれない（このことについて尾上［1996］は、「宮地裕氏の表現意図論は、文末辞の表す主観性の種類が文の表現意図を決定するという点で、仁田氏の「発話伝達のモダリティが発話の種類を決定する」という視点にそのまま受けつがれている」［p. 11］と述べている）。

　しかし、仁田のように文類型を「働きかけ」「表出」「述べ立て」「問いかけ」の四種類に限定するとき、それらの文類型の決定に関与しないモダリティ形式が仁田の前に立ちはだかってしまうのであった。そこで、仁田は文類型重視の見方を弱め、上記の諸変更を加えたのだと考えられる。仁田のモダリティ論の大きな特徴だったもの（文類型重視）が失われる方向へと変遷している（益岡［1991、2007］のモダリティ論に近づいている）と言える。

　次節では、仁田（2009b）以降に加えられた変更について見る。

4. 仁田（2009b）以降の変更

　仁田（2013）では、仁田（2009b）までのモダリティ論に幾つかの変更が加えられている。本節では、おもに仁田（2013）の論を見ながら、仁田モダリティ論の現状を押さえたい。

4.1. 客体的モダリティ

　仁田（1991）から仁田（2009b）まで、仁田は、モダリティを言表事態めあて
のモダリティと発話・伝達のモダリティとに二分類していた。ところが仁田
（2013）では、「広義モダリティ」として、「事態めあてのモダリティ」（「言表事
態めあてのモダリティ」に相当）、「発話・伝達のモダリティ」、「客体的モダリティ」
という三類を挙げる。

　新規に追加された「客体的モダリティ」とは「事態の実現の可能性や傾向性
といった事態実現の様相や、主体の意図性・願望性といった主体の事態への構
えを表したもの」（p. 154）であり、「事態実現の様相」（可能性、傾向性）と「主
体の事態への構え」（意図性、願望性）とに大別されている。具体的には、「～し
かねない」「～しないとも限らない」等が「可能性」の表現、「～しがちだ」
「～しにくい」等が「傾向性」の表現、「～するつもりだ」「～してみせる」等
が「意図性」の表現、「～したい」「～してほしい」等が「願望性」の表現であ
る[注9]。

　客体的モダリティは、「客体的」という用語で表されているとおり、「命題
（竹林注：言表事態）内容内の存在」（p. 155）である。モダリティを広めに捉えて、
「命題内容内の存在」たるモダリティを認め、「命題の中にもモダリティが現れ
る」（p. 140）としたところに、仁田（2013）の論の大きな特徴がある。

4.2. 発話・伝達のモダリティに関して

　仁田（2013）では、発話・伝達のモダリティに関しても変更が加えられている。
　まず、仁田（2009b）で「述べ方」と呼ばれていたもの（発話・伝達のモダリティ
の下位類の一つ）が、仁田（2013）では「副次的モダリティ」という名称になっ
ている（よって、仁田［2013］における、発話・伝達のモダリティの下位類は「発話機能
のモダリティ」「丁寧さ」「副次的モダリティ」の三つ）。〈終助詞「よ」「ね」「ぞ」等は、
文類型の決定に関与しない、あくまでも副次的なモダリティ形式である〉とい
う従来の見方が前面に出た名称変更である。
　「述べ方」という名称は、終助詞のみならず、広範囲のものを含んでいるよ
うな印象を与えかねなかったが、「副次的モダリティ」はどうであろうか。文
類型を決定しない点では、「丁寧さ」（発話・伝達のモダリティの下位類の一つ）や

「当為評価のモダリティ」（事態めあてのモダリティの下位類の一つ）も同様である。第２節で見たように、仁田（1991）では、「なければならない」「べきだ」等についても「副次的モダリティ」と呼んでいた。仁田（2009b）の「述べ方」を仁田（2013）で「副次的モダリティ」という名称に変更した以上、「丁寧さ」や「当為評価のモダリティ」に関して「副次的モダリティ」という用語が使えないことは言うまでもない。

　また、仁田（2013）では、発話・伝達のモダリティの中心をなす「発話機能のモダリティ」の下位分類が、従来の四分類（「働きかけ」「表出」「述べ立て」「問いかけ」）から「働きかけ」「問いかけ」「表明・表出」という三分類になっている（「表明・表出」は「仮称」[p. 149]とされている）。

　「表明・表出」とは「ある捉え方を伴った情報・判断や、意志・願望・希望といった自らの心的な情意を、取り立てて他者への伝達を意図することなく——他者への伝達を目指す場合もあれば目指さない場合もある、という姿勢で——発する[注10]という発話・伝達的態度」（p. 149）である。「表明」は「聞き手がいる対話の場合」（p. 145）であり、「表出」は「聞き手のいない独話の場合」（p. 146）である。「表明・表出」は「判断系」と「情意系」に分かれる。

表明・表出	判断系 （従来の「述べ立て」）	判断系の表明（対話）
		判断系の表出（独話）
	情意系 （従来の「表出」）	情意系の表明（対話）
		情意系の表出（独話）

表３　仁田（2013）における、「表明・表出」の下位分類

　「判断系」は、従来の「述べ立て」に相当するものであり、「どうやら会議が始まったようだ。」のような狭義「述べ立て」と「やっぱり僕が間違っていたのかな。」のような「疑念」がある。「疑念の表明・表出も広い意味では述べ立ての一種」（p. 149）であるとされる。

　「表明・表出」の「情意系」は、従来の「表出」に相当するものであり、「この仕事は今夜中に片づけておこう。」のような「意志」、「明日、天気になぁ

れ！」のような「願望」、「出来ればもう一度彼に会いたい。」のような「希望」
がある。

　仁田モダリティ論において別立てにされてきた「述べ立て」「表出」を、仁
田（2013）が「表明・表出」として一つにまとめたのは、「述べ立て」にせよ
「表出」にせよ、何かを「取り立てて他者への伝達を意図することなく――他
者への伝達を目指す場合もあれば目指さない場合もある、という姿勢で――発
する」ものである（その点で「述べ立て」と「表出」とが共通性を有する）ためであろ
う。

　ただ、仁田（2013）の「表明・表出」における「表出」は、従来の仁田モダ
リティ論における「表出」と同じ言葉でありながら、従来と異なる概念で使わ
れており、やや紛らわしい観がある（仁田［2013］以前は、「述べ立て」の「表出」
というものは用語法上あり得なかったが、仁田［2013］では「述べ立て」の「表出」がある
注11）。

　仁田（2013）における「発話機能のモダリティ」の三分類（「働きかけ」「問いか
け」「表明・表出」）は、仁田（2014a）では元の四分類に戻っている（ただし、従来
の「表出」は「意図・願望」という名称になっている）。仁田（2014a）は、「モダリ
ティの体系を暫定的に次のように設定する」（p. 58）として、「働きかけ」「意図・
願望」を「事態実現系」と呼び、「述べ立て」「問いかけ」を「判断情報系」と
呼ぶ注12。事態実現系は「テンスを持たず、認識のモダリティが現れない」
（p. 59）のに対して、判断情報系は「テンスが出現し、認識のモダリティが関わ
る」（p. 59）という相違がある。

　仁田（2014a）が、仁田（2013）における「発話機能のモダリティ」の三分類
を四分類に戻したのは、（発話機能の）モダリティを「事態実現系」「判断情報
系」という二種に分けたことによるものではなかろうか。〈「表明・表出」の
「情意系」は「事態実現系」であり、「表明・表出」の「判断系」は「判断情報
系」である〉という整理の仕方も可能であるように見えるかもしれないが、や
はり、それでは問題であろう。

　「表明・表出」と相並ぶ「働きかけ」「問いかけ」は、片や「事態実現系」、
片や「判断情報系」に属する。これに対して「表明・表出」には「事態実現
系」のものと「判断情報系」のものがあるというのでは、「働きかけ」「問いか

け」と不揃いである。また、「表明・表出」というカテゴリー自体の性格が、「事態実現系」「判断情報系」のいずれでもない（「事態実現系」と「判断情報系」の両方にまたがる）という不明瞭なものとなってしまう。「事態実現系」「判断情報系」という二種を立てる以上は、「働きかけ」「問いかけ」「表明・表出」という三分類では不都合なのであった[注13]。

4.3. 仁田（2014c）、仁田（2014d）、仁田（2016）について

　仁田（2014c）と仁田（2014d）は、仁田（2013）・仁田（2014a）より後に世に出たものであるが、仁田（2013）・仁田（2014a）以降の仁田の見方を反映したものではないと考えられる[注14]。

　仁田（2014d）は、仁田（2009b）とほぼ同じ文章を異なる題名で出した、再録に近いものである。

　また、仁田（2014c）は、刊行が予定より大幅に遅れた事典における「モダリティ」の項目の解説である。事態めあてのモダリティの下位類として「認識のモダリティ」「評価のモダリティ」を取り上げているが、「意志願望的把握（待ち望み）」への言及はない[注15]。また、発話・伝達のモダリティに関しても、「働きかけ」「問いかけ」「述べ立て」「意志表出」「感動表出」[注16]についての説明はあるが、「丁寧さ」「述べ方（仁田［2013］の副次的モダリティ）」という下位類の存在については述べられていない（ただし、例文の解説の中で終助詞「ね」に触れ、「話し手の聞き手への発話・伝達的態度のあり方」[p. 630] を表すものとしている。また、仁田は、同事典の「命題」の項目の解説において、「丁寧さ」を「命題外の文法カテゴリーである」[p. 615] としている）。事典の解説という性質上（また紙幅の都合もあって）、重要度の高い事柄のみを記述したのであろう。

　仁田（2016）におけるモダリティ論は、仁田（2013）と同様のものである（ただし、「発話機能のモダリティ」の下位分類に関して若干の相違も見られる。本章の注13を参照されたい）。仁田（2016）でモダリティについて最も詳しく論じられている第3章「モダリティについて」の主要部分（第3節以降）は、仁田（2013）とほぼ同じ文章である。

　なお、仁田（2019）は、仁田（2016）の「あとがき」にも記されているように、仁田（2016）の第12章をややコンパクトにしたものである。

5. 仁田モダリティ論についての提言

　本章第2節・第3節では、仁田（1991）から仁田（2009b）までの仁田モダリ
ティ論の展開を詳しく見、仁田モダリティ論の大きな特徴だったもの——文類
型重視——が失われる方向へと変遷していることを指摘した。この傾向は、仁
田（2009b）以降、さらに進んでいると考えられる。

　前節で見たように、仁田（2013、2016）では、従来の「（言表）事態めあてのモ
ダリティ」「発話・伝達のモダリティ」に加えて「客体的モダリティ」なるも
のを設定している。客体的モダリティは、「事態実現の様相」（可能性、傾向性）、
「主体の事態への構え」（意図性、願望性）を表すものであり、基本的には「命題
内容内の存在」（仁田2013：155、仁田2016：96）である。客体的モダリティが文類
型を決定するものでないことは言うまでもない。仁田（2013、2016）は、モダリ
ティを広めに捉えると「命題の中にもモダリティが現れることになる」（仁田
2013：140、仁田2016：80）と述べる。

　命題（言表事態）内にもモダリティ的な表現が現れることがある（それもモダリ
ティと認定したい）というのは分かる。しかし、モダリティの外延を広げること
で、仁田モダリティ論の当初における、モダリティ設定の理念から（さらに）
遠ざかってしまうのではなかろうか。

　仁田（1991）が「言表態度」と「モダリティ」とを区別していた（「モダリティ」
は「丁寧さ」と並んで「言表態度」の下位類とされていた）のは、文を文たらしめるも
の——時枝（1941）以降の陳述論における「陳述」要素に相当するもの——と
してモダリティを考えていたからであろう。仁田（1991：20）でも述べられて
いるように、言表事態めあてのモダリティ、発話・伝達のモダリティは、芳賀
（1954）の「述定的陳述」「伝達的陳述」と似ている[注17]。ただし、芳賀（1954）が、
述定的陳述のみでも（即ち、伝達的陳述なしでも）文が成立し得ると考えるのに対
して、仁田モダリティ論では、発話・伝達のモダリティなしで（即ち、言表事態
めあてのモダリティのみで）文が成立することはないと考えられている。

　　文は、現実との関わりにおいて、話し手によって描き取られた世界・事柄
　　を表した〈言表事態〉に、それに対する話し手の捉え方であるところの
　　〈言表事態めあてのモダリティ〉の付加されたものが、いかようなあり方

で発話・伝達されるのかを表した〈発話・伝達のモダリティ〉を付加されることによって、成り立つ。総ての文は、〈発話・伝達のモダリティ〉を帯びて、ある。言い換えれば、〈発話・伝達のモダリティ〉は、文の存在様式であり、存在要件である。〈発話・伝達のモダリティ〉は、文を文たらしめ、文の成立・存在に決定的な役割を果す。(仁田1991：226)

　このように、仁田モダリティ論では、発話・伝達のモダリティこそが文成立の決め手であるとされている。それでは、文の成立にとって発話・伝達のモダリティが必要不可欠なのは、なぜか。仁田は、その理由を言語活動のあり方に求める。仁田（1991）は、「言語活動は、話し手が外在世界や内在世界との関係において形成した判断や情報や感情や意志や要求などを聞き手（聞き手の存在の必要性の極めて低い場合も含めて）に発話・伝達すること（およびそれの了解）によって成り立っている活動である」(p. 21)と述べる。このような言語活動の基本的単位が文である。よって文は、「発話－伝達的役割・機能を帯びてしか存在しえない」(p. 21)のであり、「発話・伝達のモダリティを帯びることによって、初めて言語活動の単位体的存在として機能しうる」(p. 21)ということになる。

　仁田（1991）にとって、発話・伝達のモダリティは「文の存在様式」であり、それゆえに「発話・伝達のモダリティの下位類化は、文類型の下位類化でもある」とされる(pp. 20-21)。仁田（1991）における発話・伝達のモダリティは、文類型を決定するものであった。したがって、文類型の決定に関与しない終助詞「よ」「ね」「ぞ」等については、発話・伝達のモダリティとは言えども、「副次的モダリティ」とされていた。

　文を文たらしめ、文類型を決定するものをモダリティ（モダリティらしいモダリティ）と見る、仁田モダリティ論の当初の精神を大切にするのであれば、〈言表態度≠モダリティ〉とする仁田（1991）の見方に戻り、かつ、モダリティを発話機能のモダリティに限定してはどうであろうか[注18]。そのとき、モダリティの規定は、〈モダリティとは、言語活動の基本的単位である文が、どのような類型的な発話－伝達的役割・機能を担っているのかの表し分けに関わる文法表現である〉というものになる。この規定は、仁田（1991）における発話・伝達のモダリティの規定——「〈発話・伝達のモダリティ〉とは、文をめぐって

の発話時における話し手の発話・伝達的態度のあり方、つまり、言語活動の基本的単位である文が、どのような類型的な発話 - 伝達的役割・機能を担っているのかの表し分けに関わる文法表現である」（p. 19）——から前半部分を除いたものである。

　モダリティの規定を上のような、発話機能のモダリティに限定したものにすると、「丁寧さ」や終助詞「よ」「ね」「ぞ」等のみならず、「（言表）事態めあてのモダリティ」も、「言表態度」ではあってもモダリティではないことになる[注19]。

　仁田（1991）は、言表事態めあてのモダリティ（「判断」「待ち望み」）も「文類型を形成・決定するところのモダリティである」（p. 68）と述べている。仁田（1991）において「なければならない」「べきだ」等（のちに「評価のモダリティ」と呼ばれるもの）が「副次的モダリティ」の形式とされていたのは、これらの形式が文類型の決定に関与しないからである。しかし、「判断」（「認識のモダリティ」）も「待ち望み」（「意志願望的把握」）も、（少なくとも、発話機能のモダリティと同じような意味では）文類型を決定するものではないと考えられる。「判断」は「述べ立て」と「問いかけ」に関係するものであり、「判断」のみで文類型が決まるわけではない（「述べ立て」の文になることもあるし、「問いかけ」の文になることもある）。また、「待ち望み」は「働きかけ」と「意図・願望」（仁田［1991］の「表出」）に関係するものであり、「判断」と同様に、「待ち望み」のみで文類型が決まるわけではない（「働きかけ」の文になることもあるし、「意図・願望」の文になることもある[注20]）。文を文たらしめ、文類型を決定するものをモダリティとするのであれば、「（言表）事態めあてのモダリティ」とされてきたものはモダリティから外れることになると考えられる[注21]。

6.　おわりに

　本章では、仁田モダリティ論の変遷を見、同論についての提言——〈言表態度≠モダリティ〉とする仁田（1991）の見方に戻り、かつ、モダリティを発話機能のモダリティに限定してはどうかという見解——を記した。この提言は、仁田モダリティ論の大きな特徴であった文類型重視の見方が失われないようにという思いを込めてのものである。

仁田（2014a）における、発話機能のモダリティの四分類に従うと、文類型は〈働きかけ文〉〈意図・願望文〉〈述べ立て文〉〈問いかけ文〉の四種に大別される[注22]。〈働きかけ文〉〈意図・願望文〉は広義〈希求文〉としてまとめることもできるであろう（このとき、狭義〈希求文〉は〈意図・願望文〉を指す）。ただし、聞き手の存在を前提とする文か否かを重視してきた仁田モダリティ論の立場からは、聞き手の存在を前提とする〈働きかけ文〉と聞き手の存在を必ずしも前提としない〈意図・願望文〉を、広義〈希求文〉として括りたくないかもしれない。

　筆者（竹林）は、本書第3章において、〈文を文たらしめるのは、言表者の「承認」「疑問」「希求」という三種の作用的意味である〉ということを述べ、「承認」「疑問」「希求」を「文の語り方」の三種とした。〈述べ立て〉〈問いかけ〉〈（広義）希求〉が文成立の決め手であるという見方は、本書第3章の見方と近い面がある。ただし、仁田モダリティ論が、「〈述べ立て〉の疑いの文にあっては、相手たる聞き手への積極的な伝達の意図を有していないことが、重要な要件である」（仁田1991：35）として、「疑いの文」を「問いかけの文」とは区別し、述べ立て文の一種（下位類）とするのに対して、本書の立場では、「疑いの文」も「問いかけの文」も疑問文として括られる。文の考察において、「相手たる聞き手への積極的な伝達の意図」の有無をどのくらい重く見るか、という点での相違の表れである。

　尾上（2014g）も、日本語学における二種のモダリティ論（「A説」「B説」と仮称されている[注23]）の違いをもたらしているのは「結局、文をどのように見るのかという観点の相違であろう」とし、「A説では、文をその表す事態内容の面で見ようとする」のに対して、「B説では、文を言語活動の面で見ようとする」と述べている（p.627）。文研究において〈聞き手への伝達〉をどう考えるかは、議論が深められるべき、重要な問題であると言えよう。

注

1）仁田（1991）に先行する、仁田のモダリティ関連の論として、仁田（1991）各章の原論文のほかに、仁田（1975、1979、1980：第Ⅰ部第3章、1981a、1981b、1985a、1985b 等）がある。

2）「丁寧さ」とは、「話し手の聞き手に対する述べ方の丁寧度に関わる態度を表すもの」（仁田1991：193）である。

3）「判断」とは「言表事態が、話し手によって確かなものとして捉えられているのか、不確かさを含むものとして捉えられているのか、どういった徴候の存在の元に推し量られたものであるのかなど、といった言表事態に対する話し手の認識的な態度のあり方を表すもの」（p. 59）であり、「待ち望み」とは「言表事態の成立を望ましいもの・実現させたいものとして捉える、といった言表事態に対する話し手の把握のあり方」（p. 59）である。仁田（1991）における、言表事態めあてのモダリティの下位分類を表にすると、概略、次のようになる。

判断 （認識系）	1．話し手の把握・推し量り作用を表すもの 断定（「する」）、推量（「するだろう」「するまい」） 2．推し量りの確からしさを表すもの 「するにちがいない」「するかもしれない」等 3．徴候の存在の元での推し量りを表すもの 「するらしい」「しそうだ」「するようだ」等 4．推論の様態に関わるもの 「するはずだ」「するのだ」等 5．疑い 「するか」「誰が〜する」等 6．伝聞 「するそうだ」
待ち望み （情意系）	意志、希望、願望

表4　仁田（1991）における、言表事態めあてのモダリティの下位分類

　なお、上の表中の「疑い」について仁田（1991：第4章）は、判断の成立・不成立を表す〈成り立ち〉というカテゴリーに属するものとしている（〈成り立ち〉も「判断」の一種である）。〈成り立ち〉には、「疑い」のほかに、「判断の成立を断じそれが真であることを主張する〈断じ〉」（p. 138）があるとされている。「〜だろう。」は「推

量」かつ「断じ」の表現である。

4）「働きかけ」「表出」「述べ立て」「問いかけ」とは、各々、次のようなものである。

働きかけ:

話し手が相手たる聞き手に話し手自らの要求の実現を働きかけ訴えかけるといった発話・伝達的態度を表したもの（p. 24）

表出:

話し手の意志や希望や願望といった自らの心的な情意を、取り立てて他者への伝達を意図することなく発するといった発話・伝達的態度を表したもの（p. 27）

述べ立て:

話し手の視覚や聴覚などを通して捉えられた世界を言語表現化して述べたり、ある事柄についての話し手の解説・判断や解説・判断への疑念を述べるといった発話・伝達的態度を表したもの（p. 34）

問いかけ:

話し手が聞き手に情報を求めるといった発話・伝達的態度を表したもの（p. 46）

仁田（1991）における、発話・伝達のモダリティの下位分類は、次のとおりである（下の表は仁田［1991：22］に基づいている）。

① 働きかけ	①′ 命令（こちらへ来い）
	①″ 誘いかけ（一緒に食べましょう）
② 表出	②′ 意志・希望（今年こそ頑張ろう／水が飲みたい）
	②″ 願望（明日天気になあれ）
③ 述べ立て	③′ 現象描写文（子供が運動場で遊んでいる）
	③″ 判断文（彼は評議員に選ばれた）
④ 問いかけ	④′ 判断の問いかけ（彼は大学生ですか）
	④″ 情意・意向の問いかけ（水が飲みたいの／こちらから電話しましょうか）

表5　仁田（1991）における、発話・伝達のモダリティの下位分類

5）仁田（1991）は、「〈働きかけ〉〈表出〉〈述べ立て〉〈問いかけ〉といった発話・伝達のモダリティにしても、〈待ち望み〉や〈判断〉といった言表事態めあてのモダリティにしても、いずれも文類型を形成・決定するところのモダリティである」（p. 68）と述

べ、文類型を決定するモダリティを「主系列のモダリティ」（p. 69）としている。

6）「疑似的モダリティ形式」とは、「言表事態の把握のあり方や発話・伝達のあり方に何らかの点で関わると思われる意味を表す表現形式」のうち、「過去や否定になることがあり、話し手以外の心的態度を表すことのある表現形式」（仁田1991：53）のことである。仁田は「真の典型的なモダリティは、言表事態や発話・伝達のあり方をめぐっての発話時における話し手の心的態度の言語的表現である」（仁田1991：52。下線、竹林）と考えているので、「発話時における」「話し手の」という要件を欠く分だけ疑似性が増すことになる。〈評価類〉のモダリティ形式のみならず、〈認識類〉のモダリティ形式の中にも疑似的モダリティ形式は存在する。「かもしれない」「ようだ」等である。

7）仁田（2009b）でも、「述べ立て・問いかけの文であれば、必ず認識のモダリティが出現したのに対して、評価のモダリティは、これがなくとも述べ立てや問いかけが成り立つという、述べ立てや問いかけにとって二次的なものである」（p. 28。下線、竹林）と述べられてはいる。

8）仁田（1999、2000）では単に「話し手の」となっているが、仁田（2009b）では「発話時における話し手の」としている。

9）仁田（2013）は、「主体の事態への構え」（意図性、願望性）について、「「スルツモリダ」「シタイ」などのように、文末・言い切り形・一人称ガ格・未実現事態といった条件のもとで使われた時、発話機能のモダリティにあっては情意の表明・表出、事態めあてのモダリティでは意志的把握・希望的把握に成り上がることがある」（p. 155）と述べている。

10）「取り立てて他者への伝達を意図することなく——他者への伝達を目指す場合もあれば目指さない場合もある、という姿勢で——発する」という説明は、やや分かりにくい。「取り立てて他者への伝達を意図することなく」というのであれば、他者への伝達を目指さない（少なくとも、積極的には目指さない）場合のことであると解するのが普通であろう。しかし、仁田の言う「取り立てて他者への伝達を意図することなく」は、他者への伝達を目指しているとは限らない（目指していない場合もある）という意味である。

11）仁田（2013）において、「発話機能のモダリティ」の下位類としての「述べ立て」は、新たな下位類「表明・表出」に吸収されて消えているが、「表明・表出」の「判断系」との関係で「述べ立て」という用語が使われている。

12）単に「モダリティの体系」と書かれている（「発話機能のモダリティ」と限定されていない）が、これは仁田が発話機能のモダリティを、最もモダリティらしいモダリティと考えているためであろう。事態めあてのモダリティや、発話・伝達のモダリティ

の下位類たる「丁寧さ」「副次的モダリティ」(「述べ方」)をモダリティと認定しなくなったわけではないと考えられる(現に、仁田［2014a］には、事態めあてのモダリティの一種たる「認識のモダリティ」への言及がある)。仁田モダリティ論では、「文成立における発話・伝達のモダリティの優位性」(仁田2013：147、仁田2016：87)——文の成立にとっては、事態めあてのモダリティよりも発話・伝達のモダリティのほうが重要である、ということ——を説いており、「発話・伝達のモダリティの中心は、発話機能のモダリティである」(仁田2013：148、仁田2016：89)とされている。

13) 仁田(2015)には従来の四分類とともに三分類(「働きかけ」「問いかけ」「表明・表出」)も記されており、仁田の中で、いずれの分類をとるか揺れていることが窺える。四分類をとるか三分類をとるかは、発話・伝達のモダリティを「事態実現系」「判断情報系」という二種に分けることをどれだけ重視するかによると言えよう。

　　仁田(2016)においては、第2章では「働きかけ」「意志の表出」「述べ立て」「問いかけ」という四分類であり(「希望の表出」は「意志の表出の周辺に位置づけられるタイプ」[p.66]とされている)、第3章では「働きかけ」「問いかけ」「表明・表出」という三分類である。

　　なお、仁田(2016)の「あとがき」には次のように記されている。

　　　第1章から第4章、「文とは」「文の種類をめぐって」「モダリティについて」「述語をめぐって」は、「文および文の種類」「述語とモダリティ」『講座 言語研究の革新と継承 文法 I』(未刊、ひつじ書房)および「モダリティ的表現をめぐって」『世界に向けた日本語研究』(2013、開拓社)を解体・再構成し、さらに様々なところに書いてきた筆者の基本的な考えを書き加えて成ったものである。文やモダリティについて、筆者の現時点での考えに最も近いものであろう―もっとも本書の原稿を書いた時点と現時点との間に少し時間があるため、今書けば、細部にあってはまた少し違う箇所も出てこよう―。(p.356)

　　「筆者の現時点(竹林注：上の「あとがき」の日付は2016年5月)での考えに最も近いもの」においても、「発話機能のモダリティ」の下位分類に揺れが見られる、ということである。

14) このことは、文法学研究会第7回集中講義「文・述語・モダリティ」(尾上圭介・仁田義雄、於：東京大学、2015年8月22日・23日)の折に、仁田氏との個人的な話の中で確認をとった。

15) 仁田(2000、2002)でも、事態めあてのモダリティを「認識のモダリティ」と「当為評価のモダリティ」に分けており、「待ち望み」に言及していない。仁田モダリティ論において「待ち望み」の扱いに揺れがあるようである。

16)「感動表出」は、仁田（2013、2014a、2016）におけるモダリティの分類の中に（明確には）位置づけられていない。

17)芳賀（1954）の「述定的陳述」とは「それに先行して客体的に表現された（但し、感動詞一語文の場合に限り客体的表現を欠く）事柄の内容についての、話手の態度【断定・推量・疑い・決意・感動・詠歎……など】の言い定め」（p. 58）であり、「伝達的陳述」とは「事柄の内容や、話手の態度を、聞手（時には話手自身）に向ってもちかけ、伝達する言語表示」（p. 58）である。

18)仁田（1991）において「言表態度」の概念内容（「言表事態の意味に増減を与えない、言表事態に対する把握のし方や発話・伝達的な態度やあり方を表している部分」[p. 11]）と「モダリティ」の概念内容（「現実との関わりにおける、発話時の話し手の立場からした、言表事態に対する把握のし方、および、それらについての話し手の発話・伝達的態度のあり方の表し分けに関わる文法的表現」[p. 18]）とが大きく重なっていたことが、仁田（1997a）以降、「言表態度＝モダリティ」となり、「モダリティ」の外延が広がっていくことに繋がったと考えられる。

19)「丁寧さ」については、仁田（2015）にも「発話・伝達のモダリティとしては**最も周辺的**。命題を形成する意味要素ではないものの、**モダリティに入れてよいのだろうか**」（p. 9。太字は原文のもの）と記されている。

20)ただし、仁田（2015）には、「〈働きかけ〉では、事態めあてのモダリティが別途存在するとは捉えがたい」（p. 7）と記されている。これが仁田の最近の見解である（仁田［2013：151］、仁田［2016：92］も参照されたい）。

21)尾上（2015：4）には、「仁田氏のモダリティ論への提案」として次のように述べられている（脱字の修正をせずに引用する）。

　　○文法論としてはともかくも、文成立論に限定して読んだ場合の仁田氏のモダリティ論の唯一の弱点は、実質的に「事態めあてのモダリティ」だけで成立している文（竹林注：例えば、「やめよう。」のような、独り言の意志表現。仁田氏は、こうした文にも発話・伝達のモダリティがあるとする）と「発話伝達のモダリティ」だけで成立している文（竹林注：「行け。」のような文。注20を参照）とがあることであろう。すなわち、すべての文について文を成立させる要素としてのモダリティを2層に分けて設定する意味があるのかという問題である。

　　○この問題を解消するには、「事態めあてのモダリティ」だけで既に成立している文が二次的に場面内でどう働いているか（どのような言語活動を担っているか）を記述する、そういう（仁田流の）モダリティ論がありうるのではないだろうか。尾上の文成立論からすれば、それが受け入れやすい。

○あるいは、「発話伝達モダリティ」だけで文が成立するとして、「事態めあての
モダリティ」を設定しない論の組み立て方もありうるのではないか。そうする
と「発話伝達モダリティ」が「働きかけ・表出・問いかけ・述べたて」の4種
類である根拠はなくなるが、言語活動の多様性を掬い上げるためにはむしろそ
の方が好都合ではないか。仁田氏の文観（言語活動の基本的単位が文）を生か
しつつ文成立論としてのモダリティ論を立てるとすれば、それが本筋であるよ
うにも思う。

　　上に引用した尾上の提案の二番目──「「発話伝達モダリティ」だけで文が成立する
として、「事態めあてのモダリティ」を設定しない論の組み立て方」──は、本節（本
章第5節）における提言内容と（提案の理由は異なるところがあるが、結果的に）近
い。ただし、本節では、発話・伝達のモダリティの中でも発話機能のモダリティのみ
をモダリティと認定してはどうか（「丁寧さ」、終助詞「よ」「ね」「ぞ」等の表現は、
「言表態度」ではあっても、モダリティとしないほうがよい）という提言をしている。

22)〈述べ立て文〉の下位類として、「鐘のない鐘撞堂に犬がつながれている。」のような
「現象描写文」、「美津は結局白状するだろう。」のような「判定文」、「このお酒、よく
ないのかしら？」のような「疑いの文」がある（仁田1991：34-35）。

23)「A説」「B説」とは、「非現実領域（事実界未実現の領域および観念世界）にある事
態を語るための専用の文法形式をモダリティ形式と呼び、モダリティ形式によって文
にもたらされる意味をモダリティと呼ぶ」学説（「A説」。尾上のモダリティ論は、こ
の立場）と「発話時の話者の主観や言表態度が文法形式によって表されたものをモダ
リティと呼ぶ」学説（「B説」。仁田のモダリティ論は、この立場）である（尾上
2014g：627）。

第 8 章

文成立論の学史

1. はじめに

　文（センテンス）の成立にとって主語と述語は必須のものなのか。述語はある
が主語はない、という文（主語なし述定文）は存在するのか。希求の一語文
「水！」は、主語も述語もない文なのか。文が成立するために不可欠なものは
何なのか。文を文たらしめるもの（文成立の決め手）は何か。

　本書では、これらの問題について考察してきた。この章では日本語の文成立
論の学史を概観・整理し、次章で本書の論をその学史の中に位置づける。ただ、
一口に文成立論と言っても、何がどのように論じられてきたかは多岐にわたる。
以下では、〈日本語の文にとって主語・述語は必須の成分か〉〈文成立の決め手
は何か〉という観点から文の成立を論じた研究（の一部）を取り上げる。

2. 主語・述語は文の必須成分か
2.1. 大槻文彦の論

　大槻（1897）は、「人ノ思想ノ上ニ、先ヅ、主トシテ浮ブ事物アリテ、次ニ、
コレニ伴フハ、其事物ノ動作、作用、形状、性質、等ナリ」（p. 251）と言う。
そして、「人ノ思想ノ上ニ、先ヅ、主トシテ浮ブ事物」を表すのが主語、「其事
物ノ動作、作用、形状、性質、等」を表すのが「説明語」であるとし、「文ニ
ハ、必ズ、主語ト説明語トアルヲ要ス」（p. 252）とする。「説明語」とは、今で
言う、述語のことである。主語・述語を人間の認識の仕方と関連づけて捉えて
いる点で、川端（1966、1976等）、尾上（2004、2006等）や竹林（2004、2008）と通
ずるところがあり、興味深い。

　大槻（1897）は、「花、咲く。」「志、堅し。」のような文のみならず、表面的

には主語・説明語がないように見える文にも言及している。例えば、（自分の名を答えて）「季重。」という文は、「季重ナリ。」の略であると言う（大槻は「ナリ」を説明語だとする）。また、「あゝ」（詠嘆）、「なう」（呼びかけ。現代仮名遣いでは「のう」）、「をう」（応答）、「行け」（命令）、「しかり」（肯定）、「いな」（否定）、「月よ」（呼びかけ）等についても、「一二ノ単語ニテ、一思想ヲ述ベテ、完結シタルガ如クナレド、尚、余意ハ省略セラレテアルナリ」(p.253) と述べている。はっきりとは記されていないが、これらも意味上、主語と説明語から成る文だと考えたのであろうか。

2.2. 山田孝雄の論

19世紀の末から、〈文の必須成分は主語と述語である〉という見方[注1]が広まる（ただし、必ずしも「主語」「述語」という用語が使われているわけではない。明治期の日本語研究・日本語文典における、主・述をめぐる用語については、大久保 [1968]、服部 [2017] を参照されたい）。これに対して、山田 (1908、1936等) は、「諸文法家殆一斉に唱へて曰く、単文の必要元素は主語と述語となり、之を欠かば文にあらずと。然れども未遽に首肯すること能はざるなり」(1908：1175) と述べ、「犬！」「水！」のような名詞一語文を根拠に、〈文にとって主語・述語は必須成分にあらず〉とした。山田は感嘆・希求を表す名詞一語文について、「たゞ一語のみなれば主格述格の区分を求むべきよすがもなきなり」(1936：913) と言う。そして、文を成立させるのは「統覚作用」（精神の統一作用、意識の統合作用）であると主張する。以下、山田 (1908) の文言を引用しながら、このことについて見てみる。

唯、一個の単語が、よし、完全なる文たらずとも、文と同様の資格を有するに至りては、既に唯の単語にあらずして、何等か其の内面に之を活動せしむるものなくばあらず。……完全なる文と称せらるゝものにても之を外貌より見れば唯累々たる[注2]単語の堆積なるのみ。之を以て見れば、文と称せらるゝものは何等か内面の之が活動を起さしむべき素因の存すべきは明なり。文のこの内面の要素は所謂思想と称せらるゝものなり。(山田 1908：1183)

名詞一語文であれ、「完全なる文と称せらるゝもの」（文脈や発話の場に依存しなくても意味が伝わる、自足的な文）であれ、それらが一単語、ないし単語の集積であることを超えて文となっているのは、単語（の集積）を文たらしめる「思想」があるからだ、ということである。それでは、その「思想」とは何か。山田（1908）は次のように述べる。

　　惟ふに思想とは人間意識の活動状態にして、各種の観念が或一点に於いて関係を有する点に於いて合せられたるものならざるべからず。この統合点は唯一なるべし。意識の主点は一なればなり。この故に一の思想には一の統合的作用存す。之を統覚作用といふ。この統覚作用これ実に思想の生命なり。雑多の観念累々として堆積すとも之が統覚作用なくば遂に思想たること能はず。この故に単一なる思想とは一個の統覚作用によりてあらはされたるもの換言すれば統覚作用の活動の唯一回なるものをさすなり。文の内面的要素たる思想の説明は以上の如し。従つて単文の内面的要素は実に統覚作用が意識内にて唯一回活動せる際のものなることもあきらかなり。
　　（pp. 1183-1184）

　単語（の集積）を文たらしめる「思想」とは、各種の観念が或る一点で統合されたものであり、その統合の働きが「統覚作用」と呼ばれる。この統覚作用によって出来あがった「思想」が言語化されたのが文（センテンス）だ、ということである。山田が〈文を成立させるのは統覚作用である〉と言うのは、このような意味である。
　〈名詞一語文は一語のみで文になっているのであるから、そこに主述関係はない〉とする山田説は尤もなようであるが、名詞一語文にも意味上の主語・述語が存在すると考えることも可能であろう。上で見たように、統覚作用とは「各種の観念」を統合する働きである。名詞一語文も統覚作用の発動によって成立しているからには、名詞一語文の「内面的要素たる思想」には「各種の観念」が含まれているはずである。例えば、犬の存在に驚いて発する一語文「犬！」であれば、その「内面的要素」には「犬」という観念と「いる」とい

う観念が含まれているのではなかろうか。この「犬」を意味上の主語と見、「いる」を意味上の述語と見る、という考え方もあり得よう（このことについては本書第2章でも述べた）。

山田は文を述体と喚体とに分ける。

述体句（述体の文）は、主語と賓語（広義「属性」を表す語）を述語が統一するものである。例えば、「これは花なり。」という文では、主語「これ」と賓語「花」を述語「なり」が統一して文が成立している、とされる。「花うるはし。」のような文では「うるはし」の中に賓語と述語が融合している（このように用言の中に賓語と述語が融合している場合、山田は、その用言を述語と呼ぶ[注3]）。述体は主語・賓語・述語を持つ文である。

一方、「妙なる笛の音よ。」「老いず死なずの薬もが。」のような喚体句（喚体の文）は、体言（「笛の音」「薬」）を中心として成立するものである。山田（1908）は次のように述べている。

> 今かの喚体のものを考ふるにこの種類のものはそが成立する語を材料的に見れば、種々ありといへども、その形式をいへば、常に体言を中心として、之に対して連体語を伴へることあるのみ。即その形式は主語述語の関係をとるものにあらずして唯一の体言を対象として之を呼掛くるに止まるのみ。（p. 1218）

「その形式は主語述語の関係をとるものにあらずして」とあるように、喚体句に（少なくとも形式上の）主述関係は存在しないというのが山田の見方である。

2.3. 尾上圭介、森重敏、川端善明の論

文を述体と喚体に分け、述体は主語・述語を持つ文、喚体は主語・述語を持たない文とする山田の論は、尾上（2006、2010等）の文論に継承されている。尾上も、文を述定文（山田の述体）と非述定文（山田の喚体）に分け、述定文は原理的に主語・述語を持つ文、非述定文は主語・述語を持たない文であるとしている。

文が本質的な意味で主語と述語の二項から成るというのは、平叙文と疑問文、すなわち述定文の世界でのみ言えることであると言わねばならない。それはコトバの形が意味を担うその担い方が述定文（述体）と非述定文（喚体）とで大きく異質であるということ[注4]の一つの表れにほかならない。（尾上2006：11）

尾上は山田と同様に述定文（述体）と非述定文（喚体）との異質性を重視し、「「なぜその形でそのような意味が実現されるか」を問う文法論」（尾上2010：27。傍点は原文のもの）を展開している（尾上の文成立論については本書第5章で詳しく見た）。

山田（1908、1936等）や尾上（2006、2010等）のように喚体の文に主述関係を認めない論がある一方で、森重（1959、1965等）、川端（1966、1976、2004等）のように、喚体の文にも主語・述語があるとし、全ての文に主述関係を認める論もある。

森重（1965）、川端（2004）は次のように言う。

日本文法の基礎概念は、その立場からも方法からも、要約すれば一貫して主語と述語との相関関係にほかならない。しかし、これは、むしろ当然の結論なのである。この相関関係を抜きにしては、文法を云々するべき当の対象である文そのものが、意味をもつものとして立ちえないからである。意味をもつものとして文を見るのでなければ、文法も成立しない。主述関係は、意味としての文が表現—理解の場で統覚的に成立するその根本であり、同時に、その統覚[注5]に対応するものが、文法としてはほかならぬ主述関係の陳述だからである。（森重1965：274）

主語と述語の二項性の原理はすべての文に基底する。……内面的な二項性においてでなく、どうしてなにごとかを私は知り得よう。なにごとかを知ることの言語対応が〈文〉であった。（川端2004：79）

文を意味的観点から見るとき、主述関係が認められない文は存在しない、というのが森重・川端の見方である。

それでは、「妙なる笛の音よ。」「老いず死なずの薬もが。」「犬！」「水！」のような非述定文において、何が主語で、何が述語なのか。また、述定文（述語で述べる文）であれば必ず主語があるのか。例えば、「最近、よく飛行機に落雷するね。」「この一週間、行く先々で停電した。」のような文は、述語（「落雷する」「停電した」）を持つ述定文であるが、これらの文の主語は何か。本書第1章・第2章では、こうした問題について考察した。

2. 4.　三上章の論

　また、そもそも日本語に主語なるものは存在しない、とする説もある。その代表が三上章の主語否定論（主語抹殺論、主語廃止論とも言う）である[注6]。

　三上（1953、1959等）は、〈主語とは、動詞支配をしたり（即ち、動詞の形態を決定したり）語順上、特別な位置に立ったりする成分であり、日本語の文にそのような成分は認められない〉とする。そして、日本語の文（正確には「述語構文」[注7]）は主語・述語から成る主述関係の構造ではなく、「述語一本建て」であるとする。所謂「主語」は「～を」（対格補語）や「～に」（与格補語）と同様に、述語を補う語の一つ（主格補語）にすぎない、という見方である。

　三上の主語否定論は妥当なのか。「主語」概念は三上の言うようなものでしかあり得ないのか。日本語の主語・文構造をめぐる三上説については、本書第6章で詳しく見た。

3.　文成立の決め手は何か
3. 1.　山田孝雄の論

　前節で見たように、山田は文成立の決め手を「統覚作用」（精神の統一作用、意識の統合作用）に見る。述体句において、統覚作用は主・賓を統一する働きであり、その働きは用言が担うとされている。

　　命題の形をとれる句は二元性を有するものにして理性的の発表形式にして、主格と賓格との相対立するありて、述格がこれを統一する性質のものにして、その意識の統一点は述格に寓せられてあるものなり。（山田1936：935）

「命題の形をとれる句」（即ち述体句）は、主格（主位観念、「実体」「実在」）と賓格（賓位観念、「属性」）とを述格（「用言が陳述をなすに用ゐらるゝとき」[山田1936：677] の位格）が統一するものであり、「意識の統一点」（統覚作用の働く場所）は述格にある、ということである。

　述格に立つ語は用言であるから、用言が統覚作用を担うことになる。山田（1908、1936）は次のように述べている。

　　統覚作用をあらはす詞即用言たるなり。（山田1908：162）

　　吾人が用言として一括したるものは多くの場合に於いて属性観念をも伴ひてあらはせりといへども、その本体は精神の統一作用をあらはせる点にあり。（山田1936：95）

　「花うるはし。」の「うるはし」のように、用言が統覚作用とともに属性を表すこともあるが、用言の本質は統覚作用を表すところにある、という論である。
　それでは、「妙なる笛の音よ。」「老いず死なずの薬もが。」のような喚体句における統覚作用とは如何なるものか。喚体句の統覚作用と述体句の統覚作用とは同じものなのか、異なるものなのか。山田は喚体句の統覚作用について明確な説明を与えていない。山田文法における「統覚作用」概念の内実は本書第2章で探った。

3.2. 時枝誠記の論

　時枝（1941）は、「花もがな。」のような希望喚体句について、山田が体言（「花」）と終助詞（「もがな」）を必須成分としている[注8]ことを批判し、「文には統覚作用の表現即ち述語たる用言が必要であるとする論旨と矛盾を来すこととなる」（p.339）と述べる。「文には統覚作用の表現即ち<u>述語たる用言が必要である</u>」（下線、竹林）というのは喚体句についてではなく、述体句についての話であるから、上の時枝の山田文法批判は的を外している（佐藤1952：105-107、仁田1978、竹林2008：67-70）。
　それはさておき、述体の文と喚体の文とを統一的に説明せんとする時枝

（1941）は、「文の本質を以て、詞と辞の結合にあり」（p. 355）とし、文末辞（文末の助詞・助動詞・零記号）が最終的に詞（客体的表現）を統括することにより——文末辞の「完結せる陳述作用」（p. 356）によって——文が成立すると主張した。時枝説によると、「花もがな。」「これは花なり。」という文を成立させているのは、各々「もがな」「なり」であり、「花うるはし。」という文を成立させているのは「うるはし」の後にあると想定される「零記号の陳述」（p. 243）である。

　また時枝（1941）は、〈山田文法では「文」と「句」（クローズ）との根本的な違いを明確にしていない〉と述べた上で、文は句（文ならざる句）にない「完結せる陳述作用」を有するとした。例えば、「山に登るは愉快なり。」の下線部の句には「完結せる陳述作用」がないが、「山に登る。」という文には「完結せる陳述作用」がある、ということである。しかし、「完結せる陳述作用」の中身——どういう陳述作用があれば文が完結するのか、ということ——についての具体的な説明はない。文（文たる句）と句（文ならざる句）との根本的な相違については、本書第3章で考察した。

3.3.　渡辺（1953）の論

　時枝の文成立論に対し、渡辺（1953）は、文末辞の中でも終助詞こそが文成立の決め手であるとした。その理由は次のようなことである。

　助動詞は、「4月になっても花が咲かないことが不思議だ。」「花は咲いたが、鳥は鳴かない。」のように、助動詞（「ない」「た」等）のところで文が終わらないこともある。これに対して、終助詞が使われると、そこで文が終わる（と渡辺は見た）。渡辺（1953）は次のように言う。

> 述語が必要に応じて、いつでも体言化し得るものであり、従って容易に言葉をつづけ得るものであったのに対して、所謂終助詞が登場すると言葉はつづく可能性を喪失する。この意味で終助詞は、意味を絶ち言葉を閉じて文を結ぶ主体的ないとなみを託された語彙だということは明かであろう。（p. 25）

　例えば、「花は咲いたねが、鳥は鳴かないね。」のように言うことはできない

（と言っても、「誰が来るかは分からない。」のように、終助詞で文が終わらない場合もある）。

　それでは、「昨日、家の前の桜が咲いた。」のような文は何によって成立しているのか。この文に終助詞はない。渡辺（1953）は、こうした文には「零記号の終助詞」（p. 27）があるのだと言う。「零記号の終助詞」が時枝の「零記号の陳述」と軌を一にするものであることは、言うまでもない。

　渡辺（1953）は終助詞を「言語者をめあての主体的なはたらきかけ」（p. 27）を担う語類だとし、この働きかけを「陳述」と呼ぶ（渡辺の言う「言語者」とは、おもに聞き手のことであるが、話し手自身の場合もある）。

　「昨日、家の前の桜が咲いたよ。」という文で、話し手が終助詞「よ」を用いて聞き手に「昨日、家の前の桜が咲いた」ことを教えている（そのようにして聞き手に働きかけている）ことは分かりやすいが、表面的に終助詞がない「昨日、家の前の桜が咲いた。」という文にも、聞き手に対する或る種の働きかけがあると渡辺は見たのである。

3. 4.　芳賀（1954）と渡辺（1971）の論

　この渡辺（1953）の説に異を唱えたのが芳賀（1954）である。芳賀（1954）は、渡辺（1953）の言う「言語者をめあての主体的なはたらきかけ」（芳賀は「伝達的陳述」と呼ぶ）のほかに、対内容の言表（芳賀は「述定的陳述」と呼ぶ）によっても文は成立し得る、とした。例えば、「すばらしいなあ。」という文は、「すばらしい」ということへの断定作用と感嘆によって——言語者めあての働きかけなしで——成立していると見るのである。

　芳賀（1954）の論を承けて、渡辺（1958、1968）は渡辺（1953）の見方を修正する[注9]。渡辺文法の集大成である渡辺（1971）では、渡辺（1953）の「陳述」概念を改変して、話し手と何か（叙述内容、外界の対象や聞き手）との関係構成の働きを「陳述」と呼ぶ。そして、この「陳述」——意味的には「断定」「疑問」「感動」「訴え」「呼びかけ」——が文を成立させるのだとしている。渡辺（1971）の文成立論については、本書第3章で取り上げたが、次章でも検討を行う。

3. 5.　仁田義雄の論

　渡辺（1971）は芳賀（1954）の論を承けて、対内容の関係構成（例えば、断定や

疑問）のみでも文が成立し得ると見ているのであるが、仁田（1991、2014b 等）は、対内容の言表のみでは文は成立しないとする。対内容の言表（仁田は「言表事態めあてのモダリティ」と呼ぶ）に加えて、言語場で発話・伝達することに関わる意味（「述べ立て」「問いかけ」等。仁田は「発話・伝達のモダリティ」と呼ぶ。必ずしも聞き手めあてでなくてもよい）が表現されてこそ文は成立すると見るのである。

> 言語活動の所産であり、言語活動の基本的単位であるということからの起因および結果として、文には、分化・未分化を問わず、話し手が外在・内在的世界との関係で描き取った対象的な事柄的内容と、対象的な事柄的内容をめぐっての話し手の主体的な捉え方（竹林注：これが「言表事態めあてのモダリティ」）および話し手の発話・伝達的態度のあり方（竹林注：これが「発話・伝達のモダリティ」）とが含まれている。（仁田2014b：554）

「分化・未分化を問わず」とあるように、「対象的な事柄的内容」「言表事態めあてのモダリティ」「発話・伝達のモダリティ」の三者は一語文にもあると考えられている。例えば、「車！」という一語文について仁田（2014b）は「［車の接近］という事態の未分化なままの描き取り、およびその事態に対する切迫的把握や聞き手への注意喚起といった発話・伝達的態度とを、未分化に一体的に表現している」（p. 554）と述べている。

仁田は、〈全ての文は言表事態めあてのモダリティと発話・伝達のモダリティを有し[注10]、特に発話・伝達のモダリティが文成立の決め手である〉とする。この仁田説の背景には、〈文は発話・伝達という言語活動の基本的単位である〉という仁田の文観がある。仁田の文成立論については本書第 7 章で詳しく見た。

4. おわりに

本章では、〈日本語の文にとって主語・述語は必須の成分か〉〈文成立の決め手は何か〉ということを考究した文成立論の学史（の一部）を概観した。次章では、文の成立と主語・述語をめぐる筆者（竹林）の見解・立場を、上で見た学史の中に位置づける。

注

1）大槻（1897）に先立って、手島（1890）にも、「文には必主語と確定語との二種なかるべからず、此の二種ありて其の意始めて完結す」（p. 112）と述べられている。手島（1890）は、「主語とは作用をなし又は形状を顕す主体の語」（p. 113）、「確定語とは主語の作用若しくは形状を確定する語」（p. 113）であるとしている。

2）山田（1908）［『日本文法論』初版］には「累々なる」とあるが、（同書の）後の版に拠り「累々たる」とした。本書では、この箇所のほかにも、山田（1908）からの引用にあたり、後の版等に拠って手を加えた箇所がある。

3）山田（1908）は次のように述べている。

> 賓格は即 Predicate の義にして主格に対して何等かの陳述をなすものなれど、今はそのうちの観念部と陳述の要素とを分ちて、その観念部のみをあらはす語をさして賓格の語又は賓語といふ。而その陳述をなすものをさして述語といふ。而、その観念部と陳述の要素とが一語にてあらはるるときは之を述語と称す。（pp. 818-819。下線、竹林）

4）述定文（述体）と非述定文（喚体）とで「コトバの形が意味を担うその担い方」がどのように異なるのか、ということに関する尾上の見方については、本書第5章の注2を参照されたい。

5）森重（1965）は「統覚」について次のように説明している。

> 文の成立条件は、要するに場にある。場において話手が意味を形成し、聞手がそれを理解しえたところ、心理的には、聞手が理解しえたと話手が確信するところが、文の成立条件である。このような理解の客観的な成立、ないしそれを確信しえた話手の表現作用を、統覚という。（pp. 18-19）

6）湯川（1967）や金谷（2002）でも主語否定論が展開されている。湯川（1967）の論については、竹林（2004：9-14）で検討した。

7）三上（1963c：第Ⅱ章）は文を「述語構文」と「遊離構文」に分けている。「遊離構文」（遊離文）とは、山田文法の喚体句や「いいえ。」「何をっ！」のような文である（三上1963c：45、160-162）。

8）山田は「希望喚体の句は体言と希望の終助詞とにて成立する」（山田1908：1222）、「希望喚体は対象たる体言と「が」「がな」といふ終助詞との二因子によりてなり」（山田1936：952）と述べている。

9）渡辺（1958）では次のように述べられている。

> 一口に陳述と言う言い方は不精密であって、少くとも第一次の述定の陳述、第二次の伝達の陳述を区別する必要がある……一層精密には、ビューラーの

「演述・訴え・表出」の考え方に導かれつつ、第一次の述定（演述にあた
る）の陳述、第二次の伝達（訴えにあたる）の陳述、第三次の表出の陳述に整理
する方がいいのではないかと思う。(p. 92)

　また、渡辺（1968：128-129）も、「陳述の意義的内容」としては「判定」（芳賀氏の
「述定的陳述」に相当）、「訴え」、「表出」の三種に大別されるべきであり、「終助詞は
陳述の一部（竹林注：「訴え」と「表出」）を占めるにすぎないと認めるべきだと思う」
としている。

10) ただし、「〈働きかけ〉（竹林注：発話・伝達のモダリティの一種）では、事態めあて
　のモダリティが別途存在するとは捉えがたい」（仁田2015：7）――「早くしろ。」「一
　緒に行こう。」のような〈働きかけ〉の文には、（言表）事態めあてのモダリティがあ
　ると言いにくい――というのが、仁田の最近の見解である（仁田［2013：151］、仁田
　［2016：92］も参照されたい）。

第9章

本書の学史的位置

1. はじめに

　本書では、文の成立と主語・述語をめぐる諸問題について考察し、筆者の見解を述べてきた。この章では、〈主語・述語は文の必須成分か〉〈文成立の決め手は何か〉ということについての筆者の見解・立場が、前章で概観した学史の中でどのような位置にあるのか、先行諸研究とどのような関係にあるのかを整理したい。

2. 主語・述語は文の必須成分か

　前章で見たように、大槻（1897）は主語と説明語（今で言う、述語）を文の必須成分とした。これに対して、山田（1908、1936等）は、述体句には主語・述語があるが、喚体句には主語も述語もない、と主張したのであった。この山田の論は、尾上（2006、2010等）に継承されている[注1]。一方、森重（1959、1965等）、川端（1966、1976、2004等）は喚体の文にも主語・述語がある——全ての文は主語・述語を持つ——とする。また、三上（1942a、1953、1959等）のように、そもそも日本語に主語は認められないとする論もある。

　本書は、全ての文に（意味上の）主語・述語があると考える点で、大槻や森重・川端と同様の立場をとる。文には必ず、意味上（言語形式化されなくても）、語られる対象——主語——があり、その対象について語られる〈ありさまと、その実現性のあり方〉——述語——がある、というのが本書の了解である。文において、語られる対象はあるのに、それについて語る中身がなかったり、ありさまと、その（即ち、ありさまの）実現性のあり方を語っているのに、語られる対象がなかったり、ということは原理的にあり得ないのではなかろうか[注2]。

山田孝雄が主語も述語もないと主張した喚体の文に関して言うと、例えば「妙なる笛の音よ。」では、「笛の音」が意味上の主語であり、「妙なる」が意味上の述語であると考える[注3]。「妙なる」が「笛の音」について〈ありさまと、その実現性のあり方〉――「妙なり」というありさまが実現していること――を語っているからである。また、「花もが。」では、「花」が意味上の主語であり、言語形式化されていない「あり」が意味上の述語であると考える。「花もが。」は、「花（あり）もが。」ということである（川端1965b、本書第2章第4節）。

　喚体の文に主語・述語はないとする尾上（2010）も、川端の論――喚体句と述体句の共通性を、「事態に対応し事態を表現するもの」（川端1963：45）であるところに見る論――を検討する中で、感動喚体句（存在承認の非述定文）には意味上の主語・述語を認めることもできるとしている。その理由は、存在承認が「<u>あるモノ</u>の<u>ある在り方</u>における存在の承認」（p. 25。下線、竹林）であるというところにある。存在承認の表現においては「モノか在り方の一方だけが言語化されている場合でも、モノの存在の認識の裏面には必ず在り方の認識があり、在り方の認識の基盤には必ずそのような在り方をもって存在するモノの認識が用意されている」（p. 25）ということである。

　しかし尾上（2010）は、希望喚体句（存在希求の非述定文）に主述関係を認めることはできないと言う。

　　希求の文においては［存在するもの］と［在り方］の重なったものを全体として希求することはあり得ない。モノか在り方か、必ずいずれか一方だけが希求されることになる。希求とは存在の欠損を埋めようとすることであるから、埋めるべき欠損はモノの欠損か、在り方の欠損かのいずれかである。モノを基盤、前提として欠損している在り方が希求されるなら「咲け」「立て」のような命令形命令文や「まわる！　まわる！　もっとまわる」「さっさと歩く！」のような終止形命令文が成立するし、在り方を問わずモノが欠損しているという意識の下にそのモノが希求されるなら、「水！」「おかあさーん」「雪よ！」「花もが」のような呼びかけ文、モノ希求文が成立する。希求は本質的に一項的である。……「花もが」のような希望喚体句について主述的な事態に対応していると言うことは相当に無理

があるように思われる。(p. 26)

　存在承認と存在希求との違いを重視したいという尾上の論の趣旨は理解でき
る。しかし、尾上（2010）も「もっとも、承認するにせよ希求するにせよ、存
在は原理的にモノの存在であると同時に在り方を持った存在であるにちがいな
い。それゆえ、存在承認や希求が行われるとき暗黙のうちにせよ主述両項があ
る、と言うこともできないことではない」(p. 26）と述べているとおり、希望喚
体句（存在希求の非述定文）も意味上の主語・述語を持つと言うことは十分に可
能であろう（このことは第２章でも述べた）。

　希求文において「モノか在り方か、必ずいずれか一方だけが希求される」
（尾上2010：26）ということと、希求文における主語・述語の存否とは、直接に
は繋がらない。希求されるのがモノ・在り方のいずれかであるからといって、
希求文に主述関係が認められないということにはならない。尾上も、述定文で
希求（意志や命令を含む）が表される場合（e. g. 明日から真面目に勉強しよう。）に関
しては、主語・述語があると考えている（希求のスコープの中に主語は入らない［尾
上2014b、2014g］としてはいるが）。尾上文法において述定文は、存在承認であれ
存在希求であれ、主語・述語を持つ文である（尾上2006、2010等）。

3.　文成立の決め手は何か
3.1.　尾上説と筆者の論
　山田（1908、1936等）は、「句」「文」を最終的に成立させるのは統覚作用（精
神の統一作用、意識の統合作用）であるとした。本書第２章では統覚作用の内実を
考察し、統覚作用は（或るありさまの）実現性のあり方──〈実現しない〉〈実
現していない〉〈実現した〉〈実現している〉〈実現する〉といったこと──に
ついての認識である、という見方を提示した。

　ただ、統覚作用は句（文ならざる句）にも文にも認められるものであり、文に
しか認められないものではない。文にしか認められないような特性は何か。こ
れを問うたのが時枝（1941）や渡辺（1953、1971）、仁田（1991）であった。

　本書第３章では、文を文たらしめるもの──文と句との根本的な相違──は
「承認」「疑問」「希求」という三種の作用的意味（言表者による言語的行為）であ

るとし、この三種を「文息（ぶんそく）」と名づけた。この見解は、「存在承認」ないし「存在希求」が文を成立させるとする尾上の所説と近い。ただし、筆者の論と尾上説とは次のような点で異なる。

- 筆者は〈「承認」「疑問」「希求」は文のみにある（文たる句にはあるが、文ならざる句にはない）〉と考えるが、尾上は、そのような主張——「存在承認」「存在希求」は文ならざる句にはない、という主張——はしていない（そもそも尾上は、文と句との根本的な相違は何かという問題について論じていない）。
- 筆者は〈「承認」「疑問」「希求」は本質的に述語の外にある〉と考えるが、尾上は基本的に、〈述定文において「存在承認」「存在希求」は述語で表される意味である〉とする。
- 筆者は、「承認」の下位類として、尾上の言う「存在承認」のほかに「不存在承認」（不実現の承認）があると考える。
- 尾上は「疑問」を「存在承認」の一種（『特殊タイプ』）であるとするが、筆者は、〈承認する〉ということと〈判断できない〉ということ（「疑問」）とでは相当に性質が異なると見て、「承認」と「疑問」とを別立てにする。

3.2. 渡辺説と筆者の論

渡辺（1971）は、文成立の決め手は「陳述」の職能——話し手と何か（叙述内容、外界の対象や聞き手）との関係構成——であるとし、「陳述」の「内面的意義」（「意義的実質」）を「断定」注4「疑問」「感動」「訴え」「呼びかけ」であるとする。「断定」「感動」は本書筆者の「承認」にあたり、「疑問」は筆者の「疑問」に相当し、「訴え」「呼びかけ」は筆者の「希求」にほぼ対応する（ただし、渡辺［1971：146］が「呼びかけ」の文とする「桜の花が咲くね。」は、本書筆者の論においては「希求」の文ではなく「承認」の文である、というような齟齬もある）。

このように、渡辺（1971）における「陳述」の「内面的意義」の五種は、本書筆者の「文息」の三種——「承認」「疑問」「希求」——に収斂される。ただし、「言語の外面的形態には、内面的意義が担われている。そして言語の内面的意義には構文的職能が託される」（渡辺1971：15）とあるように、渡辺（1971）の「断定」「疑問」「感動」「訴え」「呼びかけ」は、基本的には「外面的形態」

（語形態、イントネーション）が担っているものと考えられている。この点で、〈「承認」「疑問」「希求」は、何らかの形態に担われている意味ではない〉と考える本書筆者は、渡辺（1971）と見解を異にしている[注5]。

　また渡辺（1971）では、渡辺（1953）ほどではないにせよ、「陳述の一種を託される」（p.89）語類として文成立における終助詞の働きを重く見ている（渡辺［1971：417］では、終助詞が間投助詞とともに「陳述助詞」と名づけられている）。一方、筆者（竹林）は、終助詞が文成立の決め手となり得る（文成立に決定的な役割を果たすことがある）とは考えていない。〈文成立の決め手たる「承認」「疑問」「希求」は、形態に担われている意味ではない〉と見るのであるから、当然、そういうことになる。このように、文成立と終助詞との関係をどう見るかという点でも、渡辺（1971）と筆者の論とは異なる。

　さらに、渡辺（1971）は「文を真に文たらしめる陳述は、文がはじまったその時から、文が文として終わるその時まで、叙述を支え支配しつづけている」（pp.108-109）と述べ、「<u>たしかに</u>、お前の言う通りだ。」の「たしかに」や、「そしたら<u>ネ</u>、船が傾いて<u>ネ</u>、みんな大あわてさ。」の「ネ」にも「陳述の気息」（p.109）を認めている。「たしかに」は「断定」、「ネ」は「呼びかけ」を表すと見るのである（p.109、p.146）。

　しかし、そのように考えたのでは、「陳述」（五種の「内面的意義」）が、文か否かを分ける決め手ではなくなってしまう。「たしかに」は、「たしかにお前の言う通りかもしれないけど、別の見方もあり得るね。」のような文においては従属句（文ならざる句）の一部である。また、「そしたら<u>ネ</u>、船が傾いて<u>ネ</u>、みんな大あわてさ。」という、渡辺自身の挙げる例から明らかなように、間投助詞「ね」も従属句に現れることがある。

　本書筆者は、「たしかに」や間投助詞「ね」が「承認」「希求」の意味を表しているとは考えない。「たしかに」について言えば、「<u>たしかにお前の言う通りだとしても</u>、その言い方に問題があるよ。」「<u>たしかにお前の言う通りか</u>、確認したほうがいい。」のような表現において、「たしかに」が言表者の「承認」（二人称者「お前」の言うことが確実に正しいとの肯定判断）を表しているのでないことは明白である。「たしかに」という形式自体は確実性を表すのみであり、「承認」の意味まで担っているわけではない。確実性を表すということと、その確

142

実性を承認するか否かということとは、別次元にある。「たしかに、お前の言う通りだ。」の「たしかに」が「断定」を表しているかのように見えるのは、この文が「承認」表現だからである。

3.3. 仁田説と筆者の論

仁田（1991）は、「発話・伝達のモダリティ」が文を最終的に成立させるとする。「発話・伝達のモダリティ」は、仁田（1991）では「文をめぐっての発話時における話し手の発話・伝達的態度のあり方、つまり、言語活動の基本的単位である文が、どのような類型的な発話−伝達的役割・機能を担っているのかの表し分けに関わる文法表現」（p. 19）と説明されている（本書第7章で見たように、この規定は仁田［1999］で変更されることになる）。

発話・伝達のモダリティの下位類は、仁田（1991）では、基本的に「述べ立て」「問いかけ」「働きかけ」「表出」の四種である（本書第7章で見たように、のちに、「丁寧さ」と「述べ方」が発話・伝達のモダリティの下位類に加えられる）。「述べ立て」は本書筆者の「承認」に概ね対応する。ただし、仁田が「述べ立て」の中に入れている、「やっぱり僕が間違っていたのかな。」のような「疑念」の文（対聞き手でない、疑いの文）については、本書筆者は「承認」ではなく「疑問」の文と見る（仁田モダリティ論でも、「疑念」の文における言表事態めあてのモダリティは、「問いかけ」の文と同じく、「判断」［認識のモダリティ］の一種たる「疑い」である）。また、「問いかけ」は筆者の「疑問」の一種であり、「働きかけ」「表出」は筆者の「希求」にあたる。

聞き手への伝達の文か否かということを重視する仁田の立場では、対聞き手の「問いかけ」と対聞き手でない「疑念」を、「疑問」として一括りにしたくない、対聞き手の「働きかけ」と必ずしも対聞き手でない「表出」を、「希求」として一括りにしたくない、ということになるかもしれない[注6]。ただし、その点を別にすれば（別にすればと言っても、対聞き手性をどう見るかは重要な問題なのであるが）、仁田（1991）の所説と筆者の論とは近い面があると言える。

とは言え、この、仁田（1991）と拙論との近さは、文成立の決め手に関してのことであり、仁田（1991）の文成立論全体と筆者のそれとが近い関係にあるということではない。例えば、筆者は、主語項目のありさまの〈実現性のあり

方〉が語られることを、文成立の要件の一つとして重視するが、仁田（1991）にそのような見方はない。また、仁田（1991）は筆者と異なり、全ての文に主語・述語があるという主張をしているわけでもない。

第7章で詳しく見たように、仁田（1997a）以降、「丁寧さ」が発話・伝達のモダリティの下位類となり、さらに、仁田（2009b）以降は「述べ方」（終助詞「ね」「よ」等の表す意味。仁田［2013］では「副次的モダリティ」と名称変更）が発話・伝達のモダリティの下位類に加えられる[注7]。発話・伝達のモダリティに「丁寧さ」「述べ方」が加わってしまうと、〈発話・伝達のモダリティが文を最終的に成立させる〉とする仁田説と〈「承認」「疑問」「希求」が文を文たらしめる〉とする筆者の論との距離は遠くなる。

4. 川端説と筆者の論

文成立論の学史において、筆者と最も近い立場をとっているのは川端善明であろう。先に述べたように、川端も筆者も、全ての文に主語・述語があると考える。また川端は、本書筆者なりにまとめれば、〈文は、主語・述語から成る事柄を承認することによって成立する〉と言う（川端1966、1976、2004等）。主語・述語に「承認」という言表者の精神活動が働いて文が成立するという見方は、〈文は主語・述語に「承認」「疑問」「希求」のいずれかが加わることで成立する〉という筆者の論と大きく重なる。

ただし、川端の所説と筆者の論との間には違いもある。

まず、主語・述語に加わる精神活動を、川端は「承認」とするのに対して、筆者は「承認」「疑問」「希求」の三種と考える。川端の言う「承認」は、「疑問」「希求」をも含むものなのであろうか。〈全ての文は判断——「なにごとかを知ること」——に対応する。判断とは、一つの事柄とそれに対する承認との結合である〉とする川端の論（川端1966、1976、1983、2004等）によれば、疑問文・希求文を含めて全ての文に「承認」作用があると見ていることになる。「そもそも情意（意志と狭義情意）は、判断を前提として、判断の上に立って成立すると言われる」（川端1965b：48）という文言からすると、希求文については〈事柄の承認＋a〉と考えているのかもしれない。

川端は次のように述べている。

知るということは一つの作用である。それは、積極的で能動的で自発的な、つまり自覚的な一つの意識である。——現実にはなにごとかを知るというときの私を内省すれば、藤の花が咲いている、例えばそのとき、<u>いま私が確かなものとしてその事態を了解していること</u>の感情、そのことがらに私が承認を与えていることの感情の伴われることを知る。その感情は、私の経験を攪拌して、その事態についての私の個別的な情意にまでつながってゆく。なつかしさ、或いはかなしみ、或いはよろこび、或いは悔恨。しかしこの個人主観的な情意の底に、<u>判断主体〈私〉の承認、一つのdoxa（いわば一つのaffirmation）</u>の属していることを知る。それが〈私〉における知ることの作用面である。（川端2004：61。下線、竹林。傍点は原文のもの）

　川端の言う「承認」と「疑問」「希求」の関係が（筆者には）よく分からないが[注8]、川端は「承認」作用を述語の外にあると見ているのか否か。〈文の成立は、主述から成る事柄の承認による〉という論からすると、「承認」は述語の外にあるということになりそうである。しかし、川端（1958）は「名詞文における「である」は言表としての承認、承認としての判断を負うのである」（p.3）とし、形容詞文の形容詞述語には「概念的意味（竹林注：山田文法で言う「属性」）と作用的意味（竹林注：「承認」）が融合されている」（p.3）とする。また、川端（1958）は存在詞文・動詞文の述語にも「承認」作用を認めている。このような川端（1958）の見方が川端（1966、1976等）で変わったのか否か、明確でない。
　第5章や本章3.1節でも述べたように、筆者（竹林）は〈「承認」「疑問」「希求」は本質的に述語の外にある〉と考える。川端（1958）の言うように、「AはBである。」という文の「である」は「承認」を表しているかに見える。しかし筆者は、「である」という形式自体が「承認」を表しているのではない——「である」自体は「承認」を表す形式ではない——と考える。なぜなら、「明日が雨<u>である</u>かは誰にも分からない。」「あの人が俳優<u>である</u>という噂は、でたらめだった。」のような「である」は（言表者の）「承認」を表していないからである。
　「AはBである。」という文の「である」が「承認」を表しているように見え

るのは、その「である」が文末に位置していることによる。「あの人は明日、アメリカに行く。」という「承認」表現の文において、文末の述語「行く」が「承認」を表しているかのようにも見える。しかし、「行く」という動詞そのものが〈言表者による承認〉という作用的意味を予め有しているのでないことは明らかである。「AはBである。」の「である」についても、同様のことが言える。「AはBである。」という文における「承認」の意味は、「である」という形式が担っているものではない。「AはBである」という語列の外側から言表者が承認を与えている──「AはBである」ことを肯定している──のだと考えられる。

5. おわりに

　以上、文の成立と主語・述語をめぐる筆者の見解・立場が学史において如何なる位置にあるのか──先行諸説との位置関係──を見てきた。

　文は主語（語られる対象）・述語（ありさま＋実現性のあり方）に「文息」（「承認」「疑問」「希求」のいずれか）が加わることによって成立する、という本書の主張は、先行諸説と共通・類似する面を持ちつつも、異なるところがある。主張全体としては筆者独自の見解であると言える。

　特に、〈文を文たらしめるもの──「句」との根本的な違い──は「承認」「疑問」「希求」という三種の作用的意味であり、これらの意味は本質的に述語の外にある（主語・述語で構成される事柄の外から言表者によって与えられる意味である）〉とする見方は、日本語の文・主語・述語について論じた拙著（竹林2004、2008）でも提示していない新説であり、本書独自のものであると言ってよいであろう。

注

1）ただし、山田文法で述体句とされる命令形命令文を、尾上（2006、2010等）は述体句（述定文）と見ず、主語・述語を持たない文（非述定文）であるとする、といった多少の違いはある。

2）'It is raining.' のような文は、一見、〈ありさまと、その実現性のあり方〉を語っているのみで、語られる対象が実質的には存在しないように見えるかもしれない。しか

し、こうした「天候の it」のような所謂「虚辞」も、無内容のものではなく、「意味内容を有する実体」（三原2004：207）であると考えられる（詳しくは、Bolinger［1977：第４章、第５章］、三原［2004：第７章］、Langacker［2008：390、451-453］を参照されたい）。

3）主語「笛の音」と述語「妙なる」とが「述語（連体修飾）－主語（被修飾）」という形をとって、「倒逆された形式での主述関係」（川端1976：179）にある、ということである。

4）渡辺（1971）の「断定」は、「あれは桜だ。」のような「指定」、「彼は来ない。」のような「否定」のほかに、「明日は雨が降るらしい。」のような「推定」、「何とかなるだろう。」のような「推測」を含む。

5）大木一夫は、「文が文としてもつはたらきがある。形がなくとも、そのはたらきはある。そして、そのはたらきを担うことによって、文は文として成り立つ」（大木2015b：32）という見方に立ち、「文レベルに一定の文法的な意味を認めようとする議論」（大木2012：13）を展開している（大木2006、2008、2010、2015b 等。大木の文論は大木［2017］にまとめられている）。論の具体的な展開の仕方は本書筆者と異なるが、語形態以外のところに文的意味の所在を求めようとする精神において、筆者と軌を一にしている。

　ただし大木は、語形態が文的意味を担うこともなくはない、と考えているようである。大木（2015b）は「文の機能（竹林注：「文そのものが担っている意味、文が全体として担っている意味」［p.33]）を構成要素的に表す形式は必ずしも存在しない」（p.33。下線、竹林）と述べている。「必ずしも」というのは、「文の機能を構成要素的に表す形式」が存在することもある、ということである。例えば、大木（2015b：33）は、「つまらん心配はしないで行け。」のような「文末動詞命令形」について、「命令」の意味を表す形式であると見ている。本書筆者は、上のような文末動詞命令形に関しても、「行け」という語形態そのものが本質的に命令の意味を担っているとは考えない（本書第５章5.3節）。

6）仁田（1991）には、「問いかけ」の文と「疑念（疑い）」の文とを「疑問表現」として括っての考察もある（同書第４章「疑問表現の諸相」）。

7）仁田（1991）でも、終助詞「ね」の表す意味が発話・伝達のモダリティの一種とされていたが、文類型を決定するものではないことから、発話・伝達のモダリティの堂々たる下位類にはなっていなかった。

8）丹羽（2006）は次のように言う。

　「承認」というのは「判断」という言葉で表されることも多い。文は判断に対応す

るという（野村2004：81など）。「対応する」というのは、文が判断を「表す」と
は言い難い場合もあるからである。(p. 49)

　そして、「本書は文が何を表すかということに即して考えて、承認・疑問・希求に分
け、すべての文を承認に還元するということはしない」(p. 50) と述べている。本書筆
者（竹林）も丹羽（2006）と同じ立場をとる。

結語

　本書では、文の成立と主語・述語をめぐる諸問題について考察した。

　以下では、本書の論の要点をまとめつつ、（筆者にとっての、また文法研究における）今後の課題を述べる。

　第1章「主語なし述定文の存否」では、主語なし述定文はあるかという問題について論じた。そして、主語なし述定文があるか否かは、詰めて言えば、「最近、よく飛行機に落雷するね。」のような「主述未分化の述定文」をどう見るかにかかっているとした。

　管見の範囲では、主述未分化の述定文についての研究は、従来あまりなされていないように見える。「主語」概念（主語とは如何なるものか、ということ）について考えるためのみならず、文の本質や述語について考えるためにも、今後、主述未分化の述定文をめぐる議論が重ねられていく必要があろう。

　第2章「山田文法の「統覚作用」概念と文の成立」では、山田文法の「統覚作用」概念についての考察をとおして、文の本質を考えた。山田文法において統覚作用とは、或ることの実現性のあり方——既実現性や不実現性——を認識する精神活動であると考えられる。文は、述定文であれ非述定文であれ、或ることの実現性のあり方を語る。これが文の本質——全ての文に共通する性質——なのであった。

　「或ることの実現性のあり方」と言うとき、その「或ること」は主位観念と賓位観念（広義「属性」）から成る。このことは、第2章で述べたように、述体句に関してのみならず、喚体句や名詞一語文に関しても当てはまる。喚体句や名詞一語文にも意味上の主語・賓語があると考えられるのであった。筆者は第1章第5節で「主語は、意味のレベルで認定すべきものなのか、形式のレベルで認定すべきものなのか、或いは、意味・形式の両面から認定する必要があるのか」と書いたが、喚体句や名詞一語文にも意味上の主語・賓語があると考える本書は、主語を意味次元で認定する立場をとっていることになる。

ここで第1章の問題に戻ってみる。「最近、よく飛行機に落雷するね。」のような主述未分化の述定文に主語を認めるのか否か。主語を意味次元で認定する本書の立場では、主述未分化の述定文にも主語はあると考えたい。

　例えば、「最近、よく飛行機に落雷するね。」という文の主語は、「落雷する」に未分化に含まれている「雷」或いは「落雷」である。なぜなら、「最近、よく飛行機に落雷するね。」という文は、「最近よく飛行機に雷が落ちること（或いは、落雷が発生すること）」の既実現性を語っており、意味上、「雷」或いは「落雷」が主位観念であると考えられるからである。通常の述定文の形で「最近、よく飛行機に雷が落ちるね。」と言うこともできるのに、敢えて主述未分化の述定文で表現するのは、落雷現象を、「雷」というモノとその動き「落ちる」とに形の上で分離させるのではなく、ひとまとまりの現象として一体的に語りたいからであろう。

　なお、雷が落ちることを「落雷」「落雷する」と言えるのに対して、風が吹くことを「吹風」「吹風する」とは言わない。花が散ることを「散花」「散花する」と言うこともない（花が咲くことは「開花」「開花する」と言える）。また、雨・雪が降ることを「降雨」「降雪」と言うことはできるが、「降雨する」「降雪する」とは言わない。このような言語事実は、当該現象（上の場合は各々の自然現象）をモノとその動きとして捉える傾向がどのくらい強いか（或いは弱いか）ということを反映している——上の例の中で、この傾向が最も強いのは、風が吹くこと、花が散ることである——と言えないであろうか。

　例えば、風が吹くことは、「風」とその動き「吹く」として捉えられる傾向が強い。したがって、「急に風が吹いてきたね。」とは言うが、「急に吹風してきたね。」と主述未分化の述定文で言うことはできない（吹雪であれば、動詞「ふぶく」を用いて主述未分化の述定文で表現することができるが、吹雪は単に風が吹くことではない）。一方、雷が落ちることは、モノとその動きとして捉えられる傾向が（風が吹くことに比べると）弱い。したがって、既に見たように主述未分化の述定文で表現することが可能である。——はたして、このように言ってよいのか否か。自然現象とその言語表現をめぐる問題として、今後なお考えたい。

第3章「承認、疑問、希求——文を文たらしめるもの」では、文と句（文ならざる句）との根本的な相違は何か、ということを考察した。そして、文を文たらしめるのは、言表者の「承認」「疑問」「希求」という作用的意味である——これら三種のいずれかが表現され、また聞き手に了解されることによって文が成立する——とし、これら三種の意味を「文息」と名づけた。或る事柄の実現性のあり方（既実現性や不実現性）を語ることは句でも文でも同じであるが、「承認」「疑問」「希求」という作用的意味（言表者による言語的行為）は文に特有のもので、連体句・従属句のような、文ならざる句にはない——これらの意味が表現・了解されていれば、その言語形式は文である——というのが本書の見方である。

　それでは、文を文たらしめるものが「承認」「疑問」「希求」の三種であるのはなぜか。本書では、その理由を人間の精神のあり方に求めた。人間の精神は知性と情意から成り、知性において重要なのが「承認」「疑問」であり、情意において重要なのが「希求」である。このことが、言語の最も基本的・根本的な単位たる文の意味に反映されていると見たのである。この見解は、哲学・心理学・脳科学等、人間の精神を研究対象とする諸分野の知見に照らすと、どうなのか。どの程度の妥当性を有するのか、それら諸分野に何らかの貢献ができる見解なのか等、興味のあるところである。今後、調査・考察してみたい。

　第4章「文的意味としての「承認」の二種」では、第3章で見た文的意味としての「承認」（文を文たらしめる意味としての「承認」）に、〈在る物事を在ると言う〉存在承認と〈無い物事を無いと言う〉不存在承認があることを述べた。この論は、尾上圭介の文法論において不存在承認が死角になっていることを指摘したものでもある。

　不存在承認の意味を、どのような言語形式でどのように表現するかは、言語によって異なるし、同一言語でも時代によって異なり得る。例えば、日本語の動詞文では「ず」「ない」という複語尾・助動詞[注1]を用いて、不実現性の表現の一種として不存在承認の意味を表すが（ただし、「ず」「ない」自体が「承認」の意味を具有しているわけではない）、英語のように副詞を使う言語もある。不存在承認をめぐる対照研究・類型論的研究（或いは、同一言語における通時的研究）に第4章の論がいささかなりとも貢献できれば幸いである。

第5章「文・主語・述語をめぐる尾上説」では、文の本質・成立や主語・述語についての尾上説を検討した。具体的には、〈概念（或いは、概念の結合体）を発話することが、どのようにして文的意味を表現することになるか〉〈述語を持つ文（述定文）と持たない文（非述定文）があるのはなぜか〉〈述定文に主語と述語があるのはなぜか〉〈述語にテンス・モダリティがあるのはなぜか〉といった諸問題をめぐって、できるだけ尾上説に寄り添うように努めつつ、筆者なりの角度から見解を述べた。また、文を文たらしめる「文息」（「承認」「疑問」「希求」の三種）は、述語によって表される意味ではなく、述語の外から言表者によって付与される意味であることを見た。

尾上文法は、筆者が大きな魅力を感じている文法学説の一つである。その魅力を多くの方々に知っていただき、尾上文法の展開・継承の仕方を共に考えていただければと願っている。

第6章「主語・題目語をめぐる三上説」では、三上章の主語論（主語否定論）・題目語論の変遷を見たのち、三上説を承けて考えるべき三つのことを述べた。一つ目は、「Ｘは」と「Ｘが」の異次元性と交渉の問題。二つ目は、主語をどういうものとして考えるかという、主語の概念規定の問題。そして三つ目は、主語について論じる際にどのようにしたらよいかという、主語論の方法の問題である。

三上は、「西洋文法」に引きずられて日本語を見てはならないと力説しつつも、「西洋文法」的な主語概念のもとで〈日本語に主語はない〉と主張したのであった。

主語を如何なるものと考えたらよいかは、文や述語の本質を問うことなしには見えてこない。文とは何か、述語とは何かということを深く考察するとき、主語をどのような概念と考えたらよいのか、主語と題目語（主題）の関係は如何なるものか、といったことも明らかになってくる。文や述語の本質を考究せずに主語について論じたところに、三上説の大きな問題がある。文の本質、述語の本質を問いつつ主語論・題目語論を展開していくことが私たちの課題であろう。

第7章「仁田モダリティ論の変遷」では、仁田義雄のモダリティ論の変遷を見、仁田モダリティ論についての私見・提言を記した。

仁田モダリティ論は、文類型重視という同論の特徴が失われる方向に変遷している。その根本原因は、仁田（1991）で〈言表態度≠モダリティ〉としていたものを、仁田（1997a）において〈言表態度＝モダリティ〉という見方に変更し、「丁寧さ」を発話・伝達のモダリティの一種としたところにある。モダリティを文成立の決め手、文類型を決定するものと見る、仁田モダリティ論のそもそもの精神を生かすためには、〈言表態度≠モダリティ〉という当初の立場に戻り、かつ、モダリティを「発話機能のモダリティ」（「働きかけ」「意図・願望」「述べ立て」「問いかけ」）に限定したほうがよい、と本書筆者は考える。

また、仁田モダリティ論においては、聞き手の存在を前提とする文か否か、聞き手への積極的な伝達の意図を有する文か否か、ということが重視されている。第7章の末尾でも述べたが、文研究において〈聞き手への伝達〉をどのように考えるか——文の成立・本質にとって〈聞き手への伝達〉がどの程度の重要性を有するのか——ということは、今後さらに考察されるべき問題であろう。

第8章「文成立論の学史」では、〈日本語の文にとって主語・述語は必須の成分か〉〈文成立の決め手は何か〉ということをめぐる学史（の一部）を概観した。日本語の文の成立について如何なる論を立てるにしても、この第8章で見たような学史・諸研究を踏まえることが不可欠であろう。

第9章「本書の学史的位置」では、文の成立と主語・述語をめぐって本書で提示した見解、筆者の立場を、第8章で見た学史の中に位置づけた。

日本語の文にとって主語・述語は必須成分であると考える点で、筆者の見解は大槻文彦や森重敏・川端善明と軌を一にする（喚体に主語・述語はないとする山田孝雄や尾上圭介と立場を異にする）。

また、〈文成立の決め手は、「承認」「疑問」「希求」のいずれかが表現・了解されることである〉と見る点で、筆者の見解は尾上の文成立論——文は「存在承認」「存在希求」のいずれかが表現・了解されることによって成立する、という主張——と近い。ただし筆者は、これら三種の作用的意味を述語の外にあ

るものと考える点で、述定文の「存在承認」「存在希求」は述語内の意味であるとする尾上説[注2]と見解を異にする（尾上は原則として喚体の文に述語を認めないので、喚体の文に関しては、「存在承認」「存在希求」が述語内の意味であるとは言わない）。

　筆者は第3章において、〈文と句（文ならざる句）との根本的な相違点は「承認」「疑問」「希求」の有無にある〉としたが、これは、〈山田文法は文と句との根本的な違いを明らかにしていない〉とする時枝誠記の批判を承けたものである。文を文たらしめるものは「承認」「疑問」「希求」という三種の作用的意味であるとする見解は、渡辺実や尾上の所説を検討しながら得た、筆者独自の見方であるが[注3]、仁田（1991）の文成立論とも近い面がある。

　本書筆者の文成立論と最も近い関係にあるのは、〈文は、主語・述語から成る事柄を承認することによって成立する〉と説く川端の論であろう。ただ、この川端説と筆者の見方との間には相違点もある（第9章第4節）。

　結局のところ、本書において筆者は、〈文は主語（語られる対象）・述語（ありさま＋実現性のあり方）に「承認」「疑問」「希求」のいずれかが加わることによって成立する〉という独自の主張をしているのであるが、このように考えることの妥当性・有効性について、今後さらに検討を重ねたい。

注

1 ）筆者は、山田文法とは異なり、古代語に関してのみ複語尾という用語を使う（現代語の助動詞は複語尾と言わないほうがよいと考えている）。その理由は、竹林（2004：90）、竹林（2008：2）、本書第2章の注7に記した。

2 ）本書第5章でも引用したが、尾上（2014e）は次のように述べている。
　　〔存在の仕方〕を語る述語は〈存在様態〉の側面と〈存在そのこと〉の側面から成るが、その〈存在そのこと〉の側面とは、第一に存在領域の別（現実領域か非現実領域かという区別）であり、第二に「存在を承認する」のか「存在を希求する」のかという区別である。(p. 285)

3 ）文は「存在承認」ないし「存在希求」によって成立すると主張する尾上説でも、〈文ならざる句に「存在承認」「存在希求」の意味はない〉ということは述べられていない。

引用文献

石神照雄（1993）「推量の認識と構文」『国語学』174集：28-41.

井島正博（2002）「主語のない名詞述語文」『日本語学』21巻15号：78-90．明治書院.

市川孝（1968）「試論　主語のない文」『月刊文法』1巻1号：130-135．明治書院.

宇野良子・池上高志（2003）「ジョイント・アテンション／予測と言語──志向性を揃えるメカニズム」『認知言語学論考』（山梨正明他編、ひつじ書房）2号：231-274.

大木一夫（2006）「喚体的な文と文の述べ方」『文化』（東北大学文学会）69巻3・4合併号：363-344（左38-57）.

大木一夫（2008）「認識する文」『東北大学文学研究科研究年報』57号：1-27.

大木一夫（2009）「古代日本語動詞基本形の時間的意味」『国語と国文学』86巻11号：21-31.

大木一夫（2010）「文の成立──その意味的側面」『山田文法の現代的意義』（斎藤倫明・大木一夫編、ひつじ書房）：75-96.

大木一夫（2012）「不変化助動詞の本質、続貂」『国語国文』81巻9号：1-17.

大木一夫（2015a）「現代日本語動詞基本形の時間的意味」『東北大学文学研究科研究年報』64号：1-29.

大木一夫（2015b）「一回的文成立論と多段階的文成立論」『日本語日本文學』（輔仁大學外語學院日本語文學系）43輯：17-36.

大木一夫（2017）『文論序説』ひつじ書房.

大久保忠利（1955）『コトバの生理と文法論』春秋社.

大久保忠利（1968）『日本文法陳述論』明治書院．（1974年に訂正版、1982年に増補版刊行）

大槻文彦（1897）『広日本文典』（奥付には、大槻が著者兼発行者となっており、発行所名の記載はない）

大野晋（1953）「日本語の動詞の活用形の起源について」『国語と国文学』30巻6号：47-56．

大野晋（1955）「萬葉時代の音韻」『萬葉集大成　第6巻　言語篇』（平凡社）：287-330．（大野［1982］に所収）

大野晋（1982）『仮名遣と上代語』岩波書店.

尾上圭介（1975）「呼びかけ的実現──言表の対他的意志の分類」『国語と国文学』52巻12号：68-80．（尾上［2001］に所収）

尾上圭介（1977a）「提題論の遺産」『言語』6巻6号：20-29．大修館書店.

尾上圭介（1977b）「語列の意味と文の意味」『松村明教授還暦記念　国語学と国語史』（松村明教授還暦記念会編、明治書院）：987-1004.（尾上［2001］に所収）

尾上圭介（1981）「山田文法とは」『言語』10巻1号：10-18.　大修館書店.（尾上［2001］に所収）

尾上圭介（1983）「不定語の語性と用法」『副用語の研究』（渡辺実編、明治書院）：404-431.（尾上［2001］に所収）

尾上圭介（1985）「主語・主格・主題」『日本語学』4巻10号：30-38.　明治書院.

尾上圭介（1986）「感嘆文と希求・命令文——喚体・述体概念の有効性」『松村明教授古稀記念　国語研究論集』（松村明教授古稀記念会編、明治書院）：555-582.（尾上［2001］に所収）

尾上圭介（1996）「文をどう見たか——述語論の学史的展開」『日本語学』15巻9号：4-12.　明治書院.（尾上［2001］に所収）

尾上圭介（1997a）「文法を考える1　主語（1）」『日本語学』16巻11号：91-97.　明治書院.

尾上圭介（1997b）「文法を考える2　主語（2）」『日本語学』16巻12号：88-94.　明治書院.

尾上圭介（1998a）「文法を考える3　主語（3）」『日本語学』17巻1号：87-94.　明治書院.

尾上圭介（1998b）「一語文の用法——"イマ・ココ"を離れない文の検討のために」『東京大学国語研究室創設百周年記念　国語研究論集』（同編集委員会編、汲古書院）：888-908.（尾上［2001］に所収）

尾上圭介（1998c）「文法を考える4　主語（4）」『日本語学』17巻4号：96-103.　明治書院.

尾上圭介（1998d）「文法を考える5　出来文（1）」『日本語学』17巻7号：76-83.　明治書院.

尾上圭介（1998e）「文法を考える6　出来文（2）」『日本語学』17巻10号：90-97.　明治書院.

尾上圭介（1999a）「文法を考える7　出来文（3）」『日本語学』18巻1号：86-93.　明治書院.

尾上圭介（1999b）「文の構造と"主観的"意味——日本語の文の主観性をめぐって・その2」『言語』28巻1号：95-105.　大修館書店.（尾上［2001］に所収）

尾上圭介（1999c）「南モデルの学史的意義」『言語』28巻12号：78-83.　大修館書店.（尾上［2001］に所収）

尾上圭介（2001）『文法と意味Ｉ』くろしお出版.

尾上圭介（2003）「ラレル文の多義性と主語」『言語』32巻4号：34-41. 大修館書店.

尾上圭介（2004）「主語と述語をめぐる文法」『朝倉日本語講座6　文法Ⅱ』（北原保雄監修、尾上圭介編、朝倉書店）：1-57.

尾上圭介（2005）「文法と意味の交渉に関する研究」（博士論文［東京大学］）第1分冊.

尾上圭介（2006）「存在承認と希求──主語述語発生の原理」『国語と国文学』83巻10号：1-13.

尾上圭介（2008a）「主語と主題（題目語）」『ヨーロッパ日本語教育』12号：19-29.

尾上圭介（2008b）「文法論において問うべきことは何か」『シンポジウム　山田文法の現代的意義』（東北大学大学院文学研究科国語学研究室編）：30-36.

尾上圭介（2010）「山田文法が目指すもの──文法論において問うべきことは何か」『山田文法の現代的意義』（斎藤倫明・大木一夫編、ひつじ書房）：1-29.

尾上圭介（2012a）「不変化助動詞とは何か──叙法論と主観表現要素論の分岐点」『国語と国文学』89巻3号：3-18.

尾上圭介（2012b）「文法に見られる日本語らしさ──〈場におけるコトの生起〉と〈自己のゼロ化〉」『国語と国文学』89巻11号：63-75.

尾上圭介（2014a）「一語文」『日本語文法事典』（日本語文法学会編、大修館書店）：21-24.

尾上圭介（2014b）「希求」『日本語文法事典』（日本語文法学会編、大修館書店）：137-139.

尾上圭介（2014c）「主語」『日本語文法事典』（日本語文法学会編、大修館書店）：267-270.

尾上圭介（2014d）「主題」『日本語文法事典』（日本語文法学会編、大修館書店）：275-278.

尾上圭介（2014e）「述語」『日本語文法事典』（日本語文法学会編、大修館書店）：283-286.

尾上圭介（2014f）「文」『日本語文法事典』（日本語文法学会編、大修館書店）：550-553.

尾上圭介（2014g）「モダリティ」『日本語文法事典』（日本語文法学会編、大修館書店）：627-629.

尾上圭介（2015）「叙法論としてのモダリティ論と文の成立　補遺」文法学研究会第7回集中講義「文・述語・モダリティ」（於　東京大学、2015年8月22日・23日）配付資料（全4頁）.

金谷武洋（2002）『日本語に主語はいらない──百年の誤謬を正す』講談社.

金谷武洋（2004）『英語にも主語はなかった――日本語文法から言語千年史へ』講談社.

川端善明（1958）「形容詞文」『国語国文』27巻12号：1-11.

川端善明（1963）「喚体と述体――係助詞と助動詞とその層」『女子大文学（国文篇）』（大阪女子大学国文学科）15号：29-57.

川端善明（1965a）「文論の方法」『口語文法講座1　口語文法の展望』（時枝誠記・遠藤嘉基監修、森岡健二・永野賢・宮地裕・市川孝編、明治書院）：142-163.

川端善明（1965b）「喚体と述体の交渉――希望表現における述語の層について」『国語学』63集：34-49.

川端善明（1966）「文の根拠」『文林』（松蔭女子学院大学国文学研究室）1号：166-185.

川端善明（1976）「用言」『岩波講座　日本語6　文法Ⅰ』（岩波書店）：169-217.

川端善明（1979）『活用の研究Ⅱ』大修館書店.（1997年に清文堂から増補版刊行）

川端善明（1982）「日本文法提要1　語と文」『日本語学』1巻1号：109-113.　明治書院.

川端善明（1983）「日本文法提要2　文の基本構造」『日本語学』2巻2号：103-107.　明治書院.

川端善明（1997）『活用の研究Ⅱ』清文堂.（川端［1979］の増補版）

川端善明（2004）「文法と意味」『朝倉日本語講座6　文法Ⅱ』（北原保雄監修、尾上圭介編、朝倉書店）：58-80.

北﨑勇帆（2016）「現代語体系を中心とする活用語命令形の用法の再整理」『日本語学論集』（東京大学大学院人文社会系研究科国語研究室）12号：167-143（左240-264）.

草野清民（1901）『草野氏日本文法』冨山房.

国広哲弥（1987）「意味研究の課題」『日本語学』6巻7号：4-12.　明治書院.

久野暲（1973）『日本文法研究』大修館書店.

黒田徹（2017）「万葉集における希求表現「ぬか・ぬかも」の成立――北条忠雄氏の卓見の立証」『解釈』63巻3・4合併号：2-10.

国立国語研究所（1960）『話しことばの文型（1）――対話資料による研究』秀英出版.

国立国語研究所（1963）『話しことばの文型（2）――独話資料による研究』秀英出版.

佐久間鼎（1941）『日本語の特質』育英書院.

佐藤喜代治（1952）『国語学概論』角川書店.

柴谷方良（1978）『日本語の分析――生成文法の方法』大修館書店.

柴谷方良（1985）「主語プロトタイプ論」『日本語学』4巻10号：4-16.　明治書院.

杉本武（1986）「格助詞」『いわゆる日本語助詞の研究』（奥津敬一郎・沼田善子・杉

　　本武、凡人社）：227-380.

鈴木重幸（1975）「主語論の問題点」『言語』4巻3号：20-27．大修館書店.

鈴木重幸（1992）「主語論をめぐって」『ことばの科学5』（言語学研究会編、むぎ書
　　房）：73-108.

竹林一志（2004）『現代日本語における主部の本質と諸相』くろしお出版．（2007年
　　に追補版刊行）

竹林一志（2007）『「を」「に」の謎を解く』笠間書院.

竹林一志（2008）『日本語における文の原理——日本語文法学要説』くろしお出版.

角田太作（2014）「主語」『日本語文法事典』（日本語文法学会編、大修館書店）：
　　270-272.

手島春治（1890）『日本文法教科書』金港堂.

時枝誠記（1937）「文の概念について（上）」『国語と国文学』14巻11号：1-17.

時枝誠記（1941）『国語学原論——言語過程説の成立とその展開』岩波書店.

時枝誠記（1950）『日本文法　口語篇』岩波書院.

ナロック・ハイコ（2010）「『日本文法論』における文成立関連の概念とヨーロッパ
　　の言語学——陳述、統覚作用、モダリティ、ムード」『山田文法の現代的意義』（斎
　　藤倫明・大木一夫編、ひつじ書房）：217-239.

仁科明（1998）「見えないことの顕現と承認——「らし」の叙法的性格」『国語学』195
　　集：1-14.

仁科明（2014）「「無色性」と「無標性」——万葉集運動動詞の基本形終止、再考」『日
　　本語文法』14巻2号：50-66.

仁田義雄（1975）「表現類型と人称制限」『島田勇雄先生退官記念　ことばの論文集』
　　（島田勇雄先生退官記念論文集刊行会編、前田書店出版部）：101-119.

仁田義雄（1977）「山田文法における文の認定」『日本語・日本文化』（大阪外国語大
　　学研究留学生別科）6号：73-110．（仁田［2005］に所収）

仁田義雄（1978）「時枝文法における文認定」『大阪外国語大学学報』42号：121-136.
　　（仁田［2005］に所収）

仁田義雄（1979）「日本語文の表現類型——主格の人称制限と文末構造のあり方の観点に
　　おいて」『林栄一教授還暦記念論文集　英語と日本語と』（林栄一教授還暦記念論
　　文集刊行委員会編、くろしお出版）：287-306．（仁田［2009c］に所収）

仁田義雄（1980）『語彙論的統語論』明治書院.

仁田義雄（1981a）「可能性・蓋然性を表わす擬似ムード」『国語と国文学』58巻5号：
　　88-102．（仁田［2009c］に所収）

仁田義雄（1981b）「文の意味的構造についての覚え書」『京都教育大学　国文学会誌』

16号：19-30.（仁田［2010］に所収）

仁田義雄（1985a）「文の骨組——文末の文法カテゴリーをめぐって」『応用言語学講座　第1巻　日本語の教育』（林四郎編、明治書院）：64-86.

仁田義雄（1985b）「主(ぬし)格の優位性——伝達のムードによる主格の人称指定」『日本語学』4巻10号：39-52.

仁田義雄（1991）『日本語のモダリティと人称』ひつじ書房.

仁田義雄（1997a）『日本語のモダリティと人称』（初版6刷）ひつじ書房.

仁田義雄（1997b）『日本語文法研究序説——日本語の記述文法を目指して』くろしお出版.

仁田義雄（1999）「事態めあてモダリティの体系化への覚え書」『ことばと文学と書　春日正三先生古稀記念論文集』（春日正三先生古稀記念論文集刊行会編、双文社出版）：65-82.（「事態めあてのモダリティの体系化への覚え書」[傍点、竹林]という題名で仁田［2009c］に所収）

仁田義雄（2000）「認識のモダリティとその周辺」『日本語の文法3　モダリティ』（森山卓郎・仁田義雄・工藤浩、岩波書店）：79-159.（仁田［2009c］に所収）

仁田義雄（2002）「日本語の文法カテゴリー」『現代日本語講座　第5巻　文法』（飛田良文・佐藤武義編、明治書院）：120-145.（仁田［2009a］に所収）

仁田義雄（2005）『ある近代日本文法研究史』和泉書院.

仁田義雄（2007）「日本語の主語をめぐって」『国語と国文学』84巻6号：1-16.（仁田［2010］に所収）

仁田義雄（2009a）『日本語の文法カテゴリをめぐって　仁田義雄日本語文法著作選　第1巻』ひつじ書房.

仁田義雄（2009b）「日本語におけるモダリティのタイプをめぐって」『日本語のモダリティとその周辺　仁田義雄日本語文法著作選　第2巻』（ひつじ書房）：15-34.（仁田［2014d］とほぼ同じ文章）

仁田義雄（2009c）『日本語のモダリティとその周辺　仁田義雄日本語文法著作選　第2巻』ひつじ書房.

仁田義雄（2010）『日本語文法の記述的研究を求めて　仁田義雄日本語文法著作選　第4巻』ひつじ書房.

仁田義雄（2013）「モダリティ的表現をめぐって」『世界に向けた日本語研究』（遠藤喜雄編、開拓社）：135-162.

仁田義雄（2014a）「モダリティとしての命令表現」『日本語学』33巻4号：55-65.明治書院.

仁田義雄（2014b）「文」『日本語文法事典』（日本語文法学会編、大修館書店）：553-

556.

仁田義雄（2014c）「モダリティ」『日本語文法事典』（日本語文法学会編、大修館書店）：629-633.

仁田義雄（2014d）「日本語モダリティの分類」『ひつじ意味論講座　第3巻　モダリティⅠ：理論と方法』（澤田治美編、ひつじ書房）：63-83.（仁田 [2009b] とほぼ同じ文章）

仁田義雄（2015）「言語活動の基本的単位としての文とモダリティ」文法学研究会第7回集中講義「文・述語・モダリティ」（於　東京大学、2015年8月22日・23日）配付資料（全12頁）.

仁田義雄（2016）『文と事態類型を中心に』くろしお出版.

仁田義雄（2019）「モダリティと命題内容との相互連関」『場面と主体性・主観性』（澤田治美・仁田義雄・山梨正明編、ひつじ書房）：361-385.

丹羽哲也（2006）『日本語の題目文』和泉書院.

野田尚史（2010）「文の成分から見た三上章の文のとらえ方」『国文学　解釈と鑑賞』75巻7号：27-32.

野田尚史（2014）「主語」『日本語文法事典』（日本語文法学会編、大修館書店）：272-275.

野村剛史（2002）「連体形による係り結びの展開」『シリーズ言語科学5　日本語学と言語教育』（上田博人編、東京大学出版会）：11-37.

野村剛史（2004）「述語の形態と意味」『朝倉日本語講座6　文法Ⅱ』（北原保雄監修、尾上圭介編、朝倉書店）：81-104.

芳賀綏（1954）「"陳述"とは何もの？」『国語国文』23巻4号：47-61.

橋本四郎（1953）「動詞の終止形──辞書・注釈書を中心とする考察」『国語国文』22巻12号：1-15.（橋本 [1986] に所収）

橋本四郎（1986）『橋本四郎論文集　国語学編』角川書店.

服部隆（2017）『明治期における日本語文法研究史』ひつじ書房.

原田信一（1973）「構文と意味──日本語の主語をめぐって」『言語』2巻2号：2-10.　大修館書店.（原田 [2000] に所収）

原田信一（2000）『シンタクスと意味──原田信一言語学論文選集』大修館書店.

堀川智也（1998）「希望喚体の文法」『大阪外国語大学論集』18号：89-101.

本多啓（2003）「共同注意の統語論」『認知言語学論考』（山梨正明他編、ひつじ書房）2号：199-229.

益岡隆志（1991）『モダリティの文法』くろしお出版.

益岡隆志（2003）『三上文法から寺村文法へ──日本語記述文法の世界』くろしお出版.

益岡隆志（2007）『日本語モダリティ探究』くろしお出版.

松下大三郎（1928）『改撰標準日本文法』紀元社.

三尾砂（1941）「基本文型への手がかり」『コトバ』3巻2号：49-65.（三尾［2003］に所収）

三尾砂（2003）『三尾砂著作集Ⅰ』ひつじ書房.

三上章（1942a）「語法研究への一提試」『コトバ』4巻6号：4-24.（三上［1972］に所収）

三上章（1942b）「語法研究の不振」『国語研究』（国語学研究会）10巻6号：6-10.（三上［1975］に所収）

三上章（1942c）「連体と連用」『国語研究』（国語学研究会）10巻9号：1-6.（三上［1975］に所収）

三上章（1942d）「敬語法の境界線」『コトバ』4巻12号：29-33.（三上［1975］に所収）

三上章（1943）「現代語法の問題」『国語・国文』13巻6号：46-56.（三上［1975］に所収）

三上章（1952）「主格、主題、主語」『国語学』8集：46-55.（三上［1975］に所収）

三上章（1953）『現代語法序説——シンタクスの試み』刀江書院.

三上章（1955）『現代語法新説』刀江書院.

三上章（1958a）「主語存置論に反対」『国語国文』27巻1号：56-63.（三上［1975］に所収）

三上章（1958b）「主語と述語」『日本文法講座5　表現文法』（明治書院）：56-85.（三上［1975］に所収）

三上章（1958c）「基本文型論」『国語教育のための国語講座　第5巻　文法の理論と教育』（西尾実・時枝誠記監修、朝倉書店）：152-207.（三上［1975］に所収）

三上章（1959）『新訂　現代語法序説——主語は必要か』刀江書院.（復刊：『続・現代語法序説——主語廃止論』くろしお出版、1972年）

三上章（1960）『象ハ鼻ガ長イ——日本文法入門』くろしお出版.

三上章（1963a）『日本語の論理——ハとガ』くろしお出版.

三上章（1963b）『文法教育の革新』くろしお出版.

三上章（1963c）『日本語の構文』くろしお出版.

三上章（1969a）「補語としての主語」『月刊文法』1巻4号：121-126.　明治書院.（三上［1975］に所収）

三上章（1969b）「存在文の問題」『大谷女子大学紀要』3号：38-48.（三上［1969d］に所収）

三上章（1969c）「主語論争」『月刊文法』2巻1号：83-89．明治書院．（三上［1975］に所収）

三上章（1969d）『象は鼻が長い――日本文法入門』（改訂増補［第4］版）くろしお出版．

三上章（1970）『文法小論集』くろしお出版．

三上章（1971）「主格の優位」『iwakura tomozane kyôzyu, taisyoku kinen ronbunsyû 言語学と日本語問題』（岩倉具実教授退職記念論文集出版後援会編、くろしお出版）：79-89．（三上［1975］に所収）

三上章（1972）『現代語法序説――シンタクスの試み』（復刊）くろしお出版．

三上章（1975）『三上章論文集』くろしお出版．

三上章（2002）『構文の研究』くろしお出版．（1959年に執筆され、1960年に東洋大学から学位を授与された博士論文）

南不二男（1974）『現代日本語の構造』大修館書店．

三原健一（2004）『アスペクト解釈と統語現象』松柏社．

三宅武郎（1937）「動詞の連体形に関する一つの疑ひについて」『国語と国文学』14巻11号：70-79．

宮地裕（1979）『新版　文論――現代語の文法と表現の研究（1）』明治書院．

森雄一（1997）「受動文の動作主マーカーとして用いられるカラについて」『茨城大学人文学部紀要　人文学科論集』30号：83-99．

森重敏（1959）『日本文法通論』風間書房．

森重敏（1965）『日本文法――主語と述語』武蔵野書院．

森重敏（1971）『日本文法の諸問題』笠間書院．

森山卓郎（1988）『日本語動詞述語文の研究』明治書院．

山田孝雄（1908）『日本文法論』宝文館．

山田孝雄（1936）『日本文法学概論』宝文館．

湯川恭敏（1967）「「主語」に関する考察」『言語研究』51号：30-51．

湯川恭敏（1999）『言語学』ひつじ書房．

渡辺実（1953）「叙述と陳述――述語文節の構造」『国語学』13・14合併集：20-34．

渡辺実（1958）「辞の連続――述語をめぐる四要素との関連において」『国語学』33集：79-94．

渡辺実（1968）「終助詞の文法論的位置――叙述と陳述再説」『国語学』72集：127-135．

渡辺実（1971）『国語構文論』塙書房．

Bolinger, Dwight（1977）*Meaning and Form*. London/New York：Longman.

Langacker, Ronald W.（1991）*Foundations of Cognitive Grammar, vol.2,*

Descriptive Application. Stanford : Stanford University Press.

Langacker, Ronald W. (2008) *Cognitive Grammar: A Basic Introduction.* Oxford/ New York : Oxford University Press.

あとがき

　三十代の後半、文法研究にかなりの時間と力を費やした五年間があった。今顧みると、我ながら、よくあれだけ文法研究に打ち込めたものだと思う。本書の中核部は、その五年間の研究によるところが大きい。

　さらに考察しなければならないと思いながらも、諸般の事情で手をつけかねていた問題があったが、数年前ようやく、その問題に取り組むことができた。自分なりに納得の行く結論を得たので、それを潮に、約十年分の研究内容を一書にまとめることにした（文法研究と並行して、三浦綾子の文学作品についての学会発表や論文執筆も行なってきた。数年後に研究書の形にしたい）。2017年度、勤務校である日本大学商学部の「特別研究員制度」（サバティカル）を利用し、一年かけて自分の文法論をじっくりと振り返り、練り上げることができたのは幸いであった。

　先覚の深い思索、先行研究の成果、多くの方々の御教示の上に本書の論が成り立っていることを、今あらためて思い、その恩恵に感謝するばかりである。

　言うまでもなく、一書にすべく原稿をまとめても、編集・出版を経なければ本にはならない。本書の出版をご快諾くださった花鳥社の皆様、特に橋本孝社長と、編集の御労をとってくださった重光徹氏に、厚く御礼申し上げたい。橋本社長は、本書が草稿の段階にあったとき、「きっと良い本になると信じています」と温かく励ましてくださった。また重光氏からは、草稿について的を射た、耳の痛い御指摘とともに、貴重な御助言をいただいた。橋本社長のお励ましと重光氏のアドバイスによって、予想していた以上の改稿をなすことができた。草稿段階より、かなり improve されたように思う。それでもなお至らぬ点についての責任が筆者にあることは言うまでもない。

　創業二年目となった、志高き花鳥社の発展を祈念して筆を擱く。

2019年11月
竹林一志

索引

【著者紹介】

竹林一志 _(たけばやし かずし)

1972年、茨城県生まれ（1歳半より東京都港区で育つ）
2001年、学習院大学大学院（人文科学研究科日本語日本文学専攻）
　　　　博士後期課程単位取得満期退学
2003年、学習院大学より博士（日本語日本文学）の学位取得
2005年、日本大学商学部に専任講師として着任
現在、日本大学商学部教授（おもに、留学生対象の「日本語」科目
を担当）

著書
『現代日本語における主部の本質と諸相』くろしお出版、2004年
　　　（追補版：2007年）
『「を」「に」の謎を解く』笠間書院、2007年
『日本語における文の原理──日本語文法学要説』くろしお出版、
　　　2008年
『日本古典文学の表現をどう解析するか』笠間書院、2009年
『これだけは知っておきたい言葉づかい──時とともに言葉が変わ
　　　る理由』笠間書院、2011年
『聖書で読み解く『氷点』『続　氷点』』いのちのことば社フォレス
　　　トブックス、2014年

文の成立と主語・述語

2020年2月28日　初版第1刷発行

著者……………竹林一志

装幀……………池田久直

発行者…………橋本 孝

発行所…………株式会社花鳥社
　　　　　　　https://kachosha.com/
　　　　　　　〒153-0064　東京都目黒区下目黒4-11-18-410
　　　　　　　電　話03-6303-2505
　　　　　　　ファクス03-3792-2323
　　　　　　　ISBN978-4-909832-18-4

組版……………キャップス

印刷・製本………モリモト印刷